Analyse économique et historique des sociétés contemporaines

ellipses

À Nathalie
Marie-Sophie et Louis

Directeur de collection : Aymeric Chauprade

ISBN 978-2-7298-4017-4

www.editions-ellipses.fr

Introduction

L'État est constamment l'objet de toutes les critiques mais aussi de toutes les attentes de nos concitoyens.

En effet, beaucoup estiment qu'il est oppressant : trop d'impôts, trop de réglementations, mais ce sont souvent les mêmes qui l'appellent à leur secours !

Cette perception de l'État, souvent négative, correspond sans doute à un manque d'information :

S'il est assez simple de mesurer ce que coûte l'État, par contre il est bien plus difficile de connaître son étendue, ses missions, ses moyens ou encore ses pouvoirs aujourd'hui.

Cet ouvrage a d'abord l'ambition de répondre aux questions traditionnelles :

- Qu'est-ce que l'État ?
- Quelles sont ses missions actuelles et passées ?
- Quels sont ses moyens pour agir ?

Mais il s'agit aussi d'aborder quelques débats contemporains à propos de :

- L'imposition
- La place de l'État
- La décentralisation

Le lecteur trouvera naturellement dans cet ouvrage des extraits de textes de lois, des données chiffrées récentes.

Les nombreuses références à des sites internet de l'État (sur le modèle http ://www....gouv.fr/) permettront aussi aux étudiants d'approfondir leurs connaissances et d'actualiser en permanence les statistiques présentées ici.

Chapitre 1 - DÉFINITIONS ET ORGANISATION DE L'ÉTAT

Il est très difficile de donner une définition simple de l'État.

Cependant, il est possible de cerner cette « notion » en diversifiant les approches. Ainsi, le lecteur trouvera des références :

- Philosophiques
- Sociologiques
- Historiques
- Economiques

1. Définitions :

1.1. Quelques apports fondamentaux :

■ **Les Philosophes, les Sociologues** s'attachent à étudier la question du pouvoir et des relations entre l'État et la société. À ce titre, il convient de présenter quelques positions à travers des extraits d'ouvrages célèbres.

Thomas HOBBES naît le 5 Avril 1588 à Wesport en Angleterre. Il décède le 4 Décembre 1679 à Hardwick). Il est devenu célèbre pour ses travaux en philosophie politique.

Dans le *Léviathan* (1651)**,** Thomas Hobbes considère que, puisque par nature, l'Homme est un loup pour l'Homme (début de l'extrait ci-dessous), la présence d'un État puissant est nécessaire (d'où la comparaison avec le Léviathan, monstre marin évoqué dans la Bible). L'État doit, de fait, assurer la sécurité quitte à paraître oppressant. Les hommes abandonnent, par des conventions, leurs pouvoirs à un homme (ou une assemblée d'hommes) qui a ainsi le droit d'agir.

Quelques extraits célèbres du *Léviathan*[1] :

*« **Aussi longtemps que les hommes vivent sans un pouvoir commun qui les tienne tous en respect, ils sont dans cette condition qui se nomme guerre, et cette guerre est guerre de chacun contre chacun.** Car la guerre ne consiste pas seulement dans la bataille et dans les combats effectifs, mais dans un espace de temps où la volonté de s'affronter en des batailles est suffisamment avérée : on doit par conséquent tenir compte, relativement à la nature de la guerre, de la notion de durée, comme on en tient compte relativement à la nature du temps qu'il fait. De même en effet que la nature du mauvais temps ne réside pas dans une ou deux averses, mais dans une tendance qui va dans ce sens, pendant un grand nombre de jours consécutifs, de même la nature de la guerre ne réside pas dans un combat effectif, mais dans une disposition avérée, allant dans ce sens, aussi longtemps qu'il n'y a pas assurance du contraire. Tout autre temps se nomme Paix.*

(...)Le seul moyen d'établir pareille puissance commune, capable de défendre les humains contre les invasions des étrangers et les préjudices commis aux par les autres et, ainsi, les protéger de telle sorte que, par leur industrie propre et le fruit de la terre, ils puissent se suffire à eux-mêmes et vivre satisfait, est de rassembler toute leur puissance et toute force sur un homme ou sur une assemblée d'hommes qui peut, à la majorité des voix, ramener toutes leurs volontés à une seule volonté ; ce qui revient à dire : désigner un homme, ou une assemblée d'hommes, pour porter leur personne ; et chacun fait sienne et reconnaît être lui-même l'auteur de toute action accomplie ou causée par celui qui porte leur personne, et relevant de ces choses qui concernent la paix commun et la sécurité, par la même , tous et chacun d'eux soumettent leurs volontés à sa volonté, et leurs jugements à son jugement.

*(...) Cela fait, la multitude, ainsi unie en une personne une, est appelée un ETAT, en latin civitas. Telle est la génération de ce grand **LEVIATHAN**, ou plutôt(pour parler avec déférence) de ce dieu mortel, auquel nous devons, sous le dieu immortel, notre paix et notre défense. En effet, en vertu du pouvoir conféré par chaque individu dans l'État, il dispose de tant de puissance et de force assemblée en lui que, par la terreur qu'elle inspirent, il peut conformer la volonté de tous en vue de la paix à l'intérieur et de l'entraide face aux ennemis de l'étranger. En lui réside l'essence de **l'État qui est (pour le définir) une personne une dont les actes ont pour auteur, à la suite de conventions mutuelles passée entre eux-mêmes, chacun des membres d'une grande multitude, afin que celui qui est cette personne puisse utiliser la force et les moyens de tous comme il estimera convenir à leur paix et à leur défense commune »**.*

John LOCKE naît le 29 Août 1632 à Wrington (Somerset Angleterre), soit 44 ans après Thomas Hobbes. Il décède le 27 octobre 1704 à Oates (Essex Angleterre). Sa vie fut marquée par la Révolution et la proclamation de la République en 1649 puis la dictature de Cromwell en 1653.

Dans l'ouvrage, *Traité du gouvernement civil*[2] (1690), John LOCKE évoque clairement la situation de parfaite liberté des hommes, qui doivent pouvoir agir à leur guise mais dans le respect de la loi. L'État ne saurait être ici « oppressant ». L'approche de John LOCKE est bien plus libérale que celle de Thomas HOBBES, mais il faut noter que John Locke se sentit longtemps proche des idées de Hobbes.

Extraits de l'ouvrage cité :

*« Les hommes se trouvant tous par nature, libres, égaux et indépendants, on n'en peut faire sortir aucun de cet état ni le soumettre au pouvoir politique d'un autre, sans son propre **consentement**. La seule façon pour quelqu'un de se départir de sa liberté naturelle (...), c'est de s'entendre avec d'autres pour se rassembler (...). Et lorsqu'un certain nombre d'hommes ont consenti à former une communauté ou un gouvernement, ils deviennent, par là-même, indépendants et constituent un seul corps politique, où **la majorité a le droit de régir et d'obliger les autres**. **La grande fin pour laquelle les hommes entrent en société, c'est de jouir de leurs biens dans la paix et la sécurité**. Or établir des lois dans cette société*

[1] *Le Léviathan* Thomas Hobbes, Editions Gallimard

[2] *Traité du gouvernement civil*, John LOCKE, Editions Flammarion

constitue le meilleur moyen pour réaliser cette fin. Par suite, dans les États, ***la première et fondamentale loi positive est celle qui établit le pouvoir législatif*** *».*

Frédéric BASTIAT : Il naît à Bayonne le 30 juin 1801 et meurt à Rome en 1850. Il fut économiste et homme politique libéral. Célèbre pour ses pamphlets, il mena une carrière bien courte. Il devint en 1846 rédacteur en chef d'un journal favorable au libre-échange publié à Paris, et fit paraître plusieurs ouvrages dans lesquels il s'opposa au socialisme. Il fut élu député en 1848 lors de la révolution puis à nouveau en 1849 (Le Président est alors Louis Napoléon).

Il défendit ardemment les idées de Richard COBDEN chef de file de l'anti-corn law league. Il s'agissait d'essayer d'abolir en Angleterre les lois protectionnistes concernant le grain. En effet, dans ce siècle de Révolution industrielle, les milieux industriels souhaitaient pouvoir nourrir leurs ouvriers à moindres frais (c'est-à-dire pouvoir abaisser le niveau du salaire de subsistance). Sa première contribution au *Journal des économistes* servira la cause du libre-échange.

Dans le *Journal des Débats* (25/09/1848) : L'État est défini ici comme un intermédiaire entre les Hommes. Cette définition ne manque pas de modernité. On constatera aisément que nos contemporains, souvent désarmés devant les problèmes économiques et sociaux continuent à s'adresser aux représentants de l'État pour trouver des solutions (les manifestations de salariés aujourd'hui finissent bien souvent devant les Préfectures…)

Un extrait de l'article :

« Comme il est certain, d'un côté, que nous adressons tous à l'État quelque requête semblable, et que, d'une autre part, il est avéré que l'État ne peut procurer satisfaction aux uns sans ajouter au travail des autres, en attendant une autre définition de l'État, je me crois autorisé à donner ici la mienne. Qui sait si elle ne remportera pas le prix? La voici : ***L'État,*** **c'est la grande fiction à travers laquelle** ***tout le monde*** **s'efforce de vivre aux dépens de** ***tout le monde.*** *Car, aujourd'hui comme autrefois, chacun, un peu plus, un peu moins, voudrait bien profiter du travail d'autrui. Ce sentiment, on n'ose l'afficher, on se le dissimule à soi-même; et alors que fait-on?* ***On imagine un intermédiaire, on s'adresse à l'État****, et chaque classe tour à tour vient lui dire : « Vous qui pouvez prendre loyalement, honnêtement, prenez au public, et nous partagerons. »*

Max WEBER naît le 21 Avril 1864 à Erfurt dans une famille protestante aisée et meurt en 1920. En 1894, Max Weber est nommé à la chaire d'économie politique à l'Université de Fribourg. Il y prononce en mai 1895 son premier cours, « L'État national et la politique économique », qui fera date. On y trouve l'importance du nationalisme, des valeurs germaniques et l'importance de l'Allemagne réunifiée depuis 1871. Au début du XXe siècle, il défendra davantage l'idée d'un régime parlementaire capable de sélectionner des chefs charismatiques

Max Weber a développé plus particulièrement la notion de rationalité. De ce concept, il en déduit la définition de l'État que l'on retrouve dans ses deux ouvrages les plus remarqués :

L'Ethique protestante et l'esprit du capitalisme*[1] *(1905)

« l'État, défini comme une institution politique ayant une constitution écrite, ***un droit rationnellement établi et une administration orientée par des règles rationnelles ou lois****, des fonctionnaires compétents, n'est attesté qu'en Occident avec cet ensemble de caractéristiques, et ce, en dépit de tous les rapprochements possibles »*

Max Weber considère, dans *Economie et Société* (à partir de 1909).

*« **Actuellement, la contrainte juridique par la force est le monopole de l'État.** Toutes les autres communautés qui exercent une contrainte juridique par la force sont considérées aujourd'hui comme hétéronomes et aussi, le plus souvent, hétérocéphales»*

Remarque : on peut alors s'interroger sur les conditions qui permettent à l'État d'être accepté par le peuple. Max Weber dénombre trois cas de domination :

- La domination traditionnelle : C'est le poids de la coutume. La population obéit, non pas par crainte d'une contrainte physique, mais par convention (notion qu'il faut distinguer du droit coutumier)
- La domination charismatique : Elle résulte des capacités particulières d'un individu à influencer la population.
- **La domination légale** : celle que l'on rencontre dans les sociétés modernes marquées par la rationalisation des actions (voir l'extrait de l'Ethique protestante et l'esprit du capitalisme ci-dessus)

■ **Les Historiens,** eux, analysent le passage des sociétés sans État vers des sociétés avec État :

Ernst KANTOROWICZ naît en1895 (à Posen, ville allemande jusqu'en 1918), et meurt à Princeton (USA) en 1963. Historien allemand naturalisé américain après la seconde guerre mondiale. Il fut un grand spécialiste des idées politiques médiévales.

Il présente la naissance de l'État dans l'ouvrage *Mourir pour la patrie* (P.U.F 1984) en évoquant les Mystères de l'État au Moyen-Âge. Il démontre qu'il existait un mélange « *spirituel-séculier* » né des liens entre Eglise et État.

Quelques extraits :

*« **Les Mystères de l'État furent presque toujours liés à la sphère juridique.** À l'avènement d'Henri II de France en 1547, une rubrique fut insérée, avant et après la remise de la bague, dans l'Ordre français du Couronnement ; on y disait que par cette bague « **le Roy espousa solennellement le royaume** ». Ceci n'était pas qu'une métaphore introduite pour sa beauté, comme ce fut peut-être parfois le cas dans les discours de Jacques Ier ; la métaphore était dite aussi pour sa conformité avec les lois fondamentales du royaume, comme avec les concepts juridiques de l'époque. »*

Pour montrer à quoi ressemble l'État au Moyen Age, Ernst Kantorowicz cite aussi Lucas de Penna (juriste napolitain du XIVe siècle) :

« De même que les hommes sont spirituellement réunis dans le corps spirituel dont la tête est le Christ..., de même les hommes sont moralement et politiquement réunis dans la respublica qui est un corps dont la tête est le Prince ».

---

[1] L'éthique protestante et l'esprit du capitalisme, Max Weber, Editions Plon

L'Historien en déduit que l'État est un corps mystique :

« L'essentiel, toutefois, est qu'à un certain moment de l'histoire ***l'État comme abstraction ou l'État comme corporation soit apparu comme corpus mysticum*** *et que la mort pour ce nouveau corps mystique ait gagné une valeur égale à celle d'un croisé pour la cause de Dieu. On laissera au lecteur le soin de repérer toutes les distorsions que l'idée centrale de corpus mysticum a subies dans son transfert aux doctrines nationales, raciales et de parti, en des temps plus éloignés comme dans les temps les plus récents. Les soi-disant « Tombeau des martyrs » du mouvement national-socialiste à Munich ou la banderole gigantesque Chi muore per Italia non muore qui recouvrait, le jour de Noël 1937, la façade de la cathédrale de Milan à l'occasion du service commémorant la mort des divisions fascistes italiennes dans l'Espagne de Franco, illustrent quelques uns des délires nationalistes les plus récents, qui ont odieusement défiguré une idée à l'origine vénérable et altière. »*

Pierre CHAUNU (1923-) : L'historien contemporain français, auteur de nombreux ouvrages, caractérise l'État au XVIIe de la manière suivante :

Extrait de l'ouvrage ***: Histoire économique et sociale de la France, (P.U.F. 1977) Tome1 (page16)***

« L'État gagne dans les mots : au début du XVIIe, il se substitue à république, dont l'usage se restreint, à la fin du XVIIe, à l'adjectif républicain, synonyme de subversif. Cette victoire tardive mais totale se produit, très exactement, en France, au moment où la construction de l'État passe par un somment objectif. Un mot pour un contenu : le pouvoir suprême de commander, d'ordonner, de contraindre, de dicter la loi, d'imposer des structures d'ordre durable au corps social. L'État, dans une certaine mesure, est indissociable d'une sociabilité multiple et complexe. ***L'État se renforce avec la densité, l'efficacité et l'étendue géographique des communications ; la monnaie étant l'accélérateur, par excellence, de la communication****, une relation existe entre le niveau des communications, l'apparition et le renforcement d'une économie monétaire et la victoire d'une forme plus efficace de l'État ».*

Si on pouvait confondre Roi et État jusqu'à la fin du XVIIIe (« ***l'État, c'est moi*** ! » célèbre citation apocryphe attribuée à Louis XIV), la Révolution française a provoqué la séparation progressive entre l'État et la monarchie.

En effet, Louis XVI n'est plus, à partir de 1789, Roi de France mais Roi des Français. Des pouvoirs lui sont simplement confiés par le peuple. Mais il devient possible aussi de retirer au Roi ses prérogatives (1792). Au XIXe, les Rois puis Napoléon et enfin les Présidents de la République ne seront plus que les dépositaires temporaires d'un pouvoir que les Français veulent bien leur concéder.

■ **Pour l'Economiste :**

L'État se résume souvent à l'approche faite par la Comptabilité nationale. Celle-ci est née sous l'influence des idées de John Maynard Keynes et élaborées notamment par Jan Tinbergen et Wassily Léontief après la seconde guerre mondiale.

La France, comme beaucoup de pays industrialisés, voulut se doter d'un outil statistique complet. L'objectif était alors de mieux comprendre les liens entre les branches d'activités regroupées en secteurs institutionnels.

L'approche est macroéconomique et l'État est abordé sous l'angle des **Administrations publiques** (APU).

C'est un Secteur Institutionnel au même titre que les **Ménages** (ensembles des personnes vivant dans une même résidence principale), les **Sociétés non financières** (industries par exemple), les **Sociétés Financières** (Banque Centrale, Banques commerciales) ou encore les **Institutions à but non lucratif** (associations loi 1901 par exemple).

L'État est alors caractérisé par sa production de services non-marchands, par ses ressources principales (les impôts) et par ses dépenses. On pourrait alors considérer qu'il ne s'agit que d'un simple agent économique parmi d'autres.

Dans la représentation simplifiée du circuit de l'Economie, le secteur institutionnel Administrations Publiques (code S.13) est en relation avec les autres. Il s'agit d'opérations :

- Sur biens et services
- Financières
- De répartition du revenu national

Le schéma suivant montre **quelques exemples** d'opérations entre les Secteurs :

T correspond aux impôts, versés aux Administrations publiques par les autres Secteurs institutionnels nationaux mais aussi par le reste du monde (droits de douanes, perception de fonds européens)

G représente les dépenses publiques (aides, subventions, services non marchands comme l'éducation nationale…)

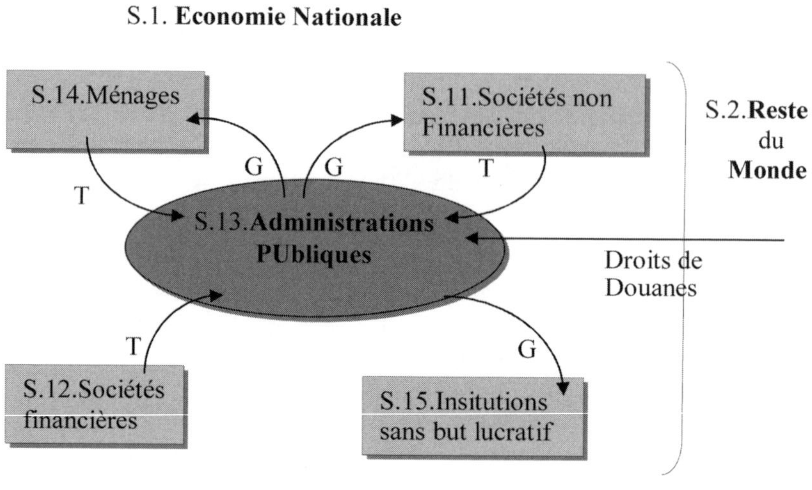

1.2. L'État et la Nation :

a) Définition de la Nation :

Deux termes souvent confondus mais qui ne sont pas de simples synonymes. Dès le XIXe des philosophes, des historiens comme Ernest RENAN (1823-1892) cherchent à préciser ce qu'est la nation en la différenciant de la notion d'État.

Le discours d'Ernest RENAN intitulé « **Qu'est-ce la nation** » est resté célèbre. Ernest RENAN insiste sur l'idée que la Nation repose sur la volonté commune de vivre ensemble.

Extrait du discours *: « Qu'est-ce que la Nation ? »*

*« **Une nation est donc une grande solidarité**, constituée par le sentiment des sacrifices qu'on a faits et de ceux qu'on est disposé à faire encore. Elle **suppose un passé** ; elle se résume pourtant dans le présent par un fait tangible : **le consentement, le désir clairement exprimé de continuer la vie commune.** L'existence d'une nation est (pardonnez-moi cette métaphore) un plébiscite de tous les jours, comme l'existence de l'individu est une affirmation perpétuelle de vie. Oh !Je le sais, cela est moins métaphysique que le droit divin, moins brutal que le droit prétendu historique. Dans l'ordre d'idées que je vous soumets, une nation n'a pas plus qu'un roi le droit de dire à une province : «Tu m'appartiens, je te prends. » Une province, pour nous, ce sont ses habitants ; si quelqu'un en cette affaire a droit d'être consulté, c'est l'habitant. Une nation n'a jamais un véritable intérêt à s'annexer ou à retenir un pays malgré lui. Le vœu des nations est, en définitive, le seul critérium légitime, celui auquel il faut toujours en revenir».*

Il est donc tout à fait possible de voir un État conquérir un territoire (étendue géographique) et y affirmer son autorité. Pourtant, cela ne suffit pas à créer une Nation. L'exemple des « Balkans » est éloquent : la fédération yougoslave construite en 1945 s'est divisée à la fin du XXe siècle en plusieurs républiques : Slovénie, Serbie, Croatie….

b) Comment appartenir à une Nation ? le cas français

C'est sous le premier Empire que la France se dote d'un ensemble de lois regroupées dans le **Code civil** (1804). Depuis, le législateur a souvent remanié les textes mais sans reprendre l'essentiel. Le code précise les conditions d'attribution ou d'acquisition de la nationalité française. Le lecteur trouvera ci-dessous les principaux articles relatifs à notre question.

L'objectif ici est de mettre en évidence les différentes situations qui permettent d'obtenir la nationalité française sans chercher à étudier les dispositions, restrictions, exceptions ou encore les procédures propres à chaque cas.

Nous pouvons alors constater que la nationalité française est le résultat :

* Soit d'une **attribution** par filiation « jus sanguinis » (droit du sang) ou par la naissance en France « jus soli » (droit du sol),

*Article 18 : « **Est français l'enfant dont l'un des parents au moins est français** ».*

*Article 19 : « **Est français l'enfant né en France de parents inconnus.** Toutefois, il sera réputé n'avoir jamais été Français si, au cours de sa minorité, sa filiation est établie à l'égard d'un étranger et s'il a, conformément à la loi nationale de son auteur, la nationalité de celui-ci »*

*Article 19-3 : « **Est français l'enfant, né en France lorsque l'un de ses parents au moins y est lui-même né** ».*

- Soit par l'acquisition :

- à raison de la naissance et de la résidence en France :

*Article 21-7 : « **Tout enfant né en France de parents étrangers acquiert la nationalité française à sa majorité** si, à cette date, il a en France sa résidence et s'il a eu sa résidence habituelle en France pendant une période continue ou discontinue d'au moins cinq ans, depuis l'âge de onze ans. Les tribunaux d'instance, les collectivités territoriales, les organismes et services publics, et notamment les établissements d'enseignement sont tenus d'informer le public, et en particulier les personnes auxquelles s'applique le premier alinéa, des dispositions en vigueur en matière de nationalité. Les conditions de cette information sont fixées par décret en conseil d'État ».*

*Article 21-11 : «**L'enfant mineur né en France de parents étrangers peut à partir de l'âge de seize ans réclamer la nationalité française par déclaration**, dans les conditions prévues aux articles 26 et suivants si, au moment de sa déclaration, il a en France sa résidence et s'il a eu sa résidence habituelle en France pendant une période continue ou discontinue d'au moins cinq ans, depuis l'âge de onze ans. Dans les mêmes conditions, la nationalité française peut être réclamée, au nom de l'enfant mineur né en France de* *parents étrangers, à partir de l'âge de treize ans et avec son consentement personnel, la condition de résidence habituelle en France devant alors être remplie à partir de l'âge de huit ans ».*

- à raison du mariage avec un(e) Français(e) :

*Article 21-2 : « **L'étranger ou apatride qui contracte mariage avec un conjoint de nationalité française peut, après un délai de deux ans à compter du mariage, acquérir la nationalité française** par déclaration à condition qu'à la date de cette déclaration la communauté de vie tant affective que matérielle n'ait cessé entre les époux et que le conjoint français ait conservé sa nationalité. Le conjoint étranger doit en outre justifier d'une connaissance suffisante, selon sa condition, de la langue française. Le délai de communauté de vie est porté à trois ans lorsque l'étranger, au moment de sa déclaration, ne justifie pas avoir résidé de manière ininterrompue pendant au moins un an en France à compter du mariage. La déclaration est faite dans les conditions prévues aux articles 26 et suivants. Par dérogation aux dispositions de l'article 26-1, elle est enregistrée par le ministre des naturalisations ».*

Remarque : ce type d'acquisition de la nationalité française conduit parfois à des enquêtes sur la motivation réelle lors du mariage. Les articles 21-4, 21-5 et 21-6 prévoient les conditions d'une éventuelle annulation du mariage et de l'acquisition de la nationalité française.

- à raison de l'adoption simple ou du recueil en France :

L'adoption internationale, par distinction de l'adoption d'un enfant résident en France, est un phénomène en pleine évolution. Selon les statistiques du Ministère des affaires étrangères le nombre de visas accordés chaque année à des enfants étrangers en vue d'être adoptés en France est passé de 900 environ au début des années 80 à plus de 4000 en 2005.

La procédure d'adoption implique évidemment une possibilité d'acquisition de la nationalité française comme les articles suivants le stipulent :

*Article 21-12 : « **L'enfant qui a fait l'objet d'une adoption simple par une personne de nationalité française peut, jusqu'à sa majorité, déclarer, dans les conditions prévues aux articles 26 et suivants, qu'il réclame la nationalité française**, pourvu qu'à l'époque de sa déclaration, il réside en France. Toutefois, l'obligation de résidence est supprimée lorsque l'enfant a été adopté par une personne de nationalité française n'ayant pas sa résidence habituelle en France.*

Peut, dans les mêmes conditions, réclamer la nationalité française : l'enfant qui, depuis au moins cinq années, est recueilli en France et élevé par une personne de nationalité française ou qui, depuis au moins trois années, est confié au service de l'aide sociale à l'enfance ; l'enfant recueilli en France et élevé dans des conditions lui ayant permis de recevoir, pendant cinq années au moins une formation française, par un organisme public ou par un organisme privé présentant des caractères déterminée par un décret en Conseil d'État ».

Remarque : On distingue l'adoption simple de l'adoption plénière. Celle-ci est précisée par les articles 355 et suivants :

*Article 356 : « **l'adoption confère à l'enfant une filiation qui se substitue à sa filiation d'origine :** l'adopté cesse d'appartenir à sa famille par le sang, sous réserve des prohibitions au mariage visées aux articles 161 à 164. Toutefois l'adoption de l'enfant du conjoint laisse subsister sa filiation d'origine à l'égard de ce conjoint et de sa famille. Elle produit, pour le surplus, les effets d'une adoption par deux époux »*

- par naturalisation :

L'étranger, résidant habituellement en France, peut aussi demander l'acquisition de la nationalité française. Cela correspond notamment à des situations où l'étranger a fait preuve d'un attachement à la Nation en « versant son sang » (dans le cadre de l'armée française) ou en contribuant au « rayonnement » de la France. L'acquisition de la nationalité française apparaît ici comme une récompense de la France à ses serviteurs.

*Article 21-14-1 : « **la nationalité française est conférée par décret, sur proposition du ministre de la défense, à tout étranger engagé dans les armées françaises qui a été blessé en mission au cours ou à l'occasion d'un engagement opérationnel et qui en fait la demande**.* En cas de décès de l'intéressé, dans les mêmes conditions prévues au premier alinéa, la même procédure est ouverte à ses enfants mineurs qui, au jour du décès, remplissent la condition de résidence prévue à l'article 22-1 ».

*Article 21-15 : « l'acquisition de la nationalité française par décision de l'autorité publique résulte d'une **naturalisation accordée par décret** à la demande de l'étranger »*

Article 21-16 : « Nul ne peut être naturalisé s'il n'a en France sa résidence au moment de la signature du décret de naturalisation ».

*Article 21-21 : « **La nationalité française peut être conférée par naturalisation** sur proposition du ministre des affaires étrangères à **tout étranger francophone** qui en fait la demande et qui contribue par son action émérite au **rayonnement de la France** et à la prospérité de ses relations économiques internationales ».*

Remarque :

- Si en France, l'appartenance à la Nation est liée au droit du sol et du sang, notons qu'ailleurs les conditions sont bien différentes.
- Aux États-Unis, (un pays jeune et une terre d'immigration depuis le XIXe siècle) devenir américain, c'est avant tout accepter la Constitution en prêtant serment. Cela explique la politique d'immigration en termes de quotas.
- En Allemagne, c'est le droit du sang qui a longtemps été primordial : on devenait Allemand avant tout par ses origines. Ce principe a permis, par exemple, au régime nazi de revendiquer dans les années 30 des annexions territoriales au nom des minorités allemandes des Sudètes ou de la Sarre (cependant, une loi votée en 2000 admet aussi le principe du droit du sol).
- Notons aussi que la création autoritaire d'États n'aboutit pas toujours à la formation de vraies Nations. On peut, pour s'en convaincre, prendre l'exemple de la République Tchécoslovaque. Crée en 1918 sur les décombres de l'Empire austro-hongrois, cette République regroupait les Tchèques et Slovaques. Mais les revendications des deux peuples ont abouti en 1993 à une séparation et à la création des Républiques Tchèque et Slovaque. Désormais, il s'agit de deux États-Nations.

2. L'organisation actuelle de l'État en France :

2.1. La Constitution de 1958 : la Ve République :

Elle définit les rôles du Président de la République, du Premier Ministre et de son gouvernement.

Quelques extraits :

Titre II - Le Président de la République

Article 5 : *Le Président de la République veille au respect de la Constitution. Il assure, par son arbitrage, le fonctionnement régulier des pouvoirs publics ainsi que la continuité de l'État. Il est le garant de l'indépendance nationale, de l'intégrité du territoire et du respect des traités.*

Article 8 : *Le Président de la République nomme le Premier Ministre. Il met fin à ses fonctions sur la présentation par celui-ci de la démission du Gouvernement. Sur la proposition du Premier Ministre, il nomme les autres membres du Gouvernement et met fin à leurs fonctions.*

Remarquons que si le Président choisit le Premier ministre, il doit tenir compte de la majorité politique à l'Assemblée nationale. En effet, sans ce soutien, le gouvernement ne peut espérer faire voter les projets de lois.

L'histoire récente a montré des situations de cohabitation, c'est-à-dire un Premier ministre choisi dans le parti de l'opposition au Président. Quelques exemples :

- 1986-1988 : Président : François MITTERAND (socialiste),
  Premier ministre : Jacques CHIRAC (RPR)
- 1997-2002 : Président : Jacques CHIRAC,
  Premier ministre : Lionel JOSPIN (socialiste)

Article 13 : *Le Président de la République signe les ordonnances et les décrets délibérés en Conseil des Ministres. Il nomme aux emplois civils et militaires de l'État.*

Article 15 : *Le Président de la République est le chef des armées. Il préside les conseils et les comités supérieurs de la Défense Nationale.*

Article 20 : *Le Gouvernement détermine et conduit la politique de la Nation. Il dispose de l'administration et de la force armée.*

Le Président, élu au suffrage universel depuis 1962, a donc des pouvoirs importants dans les domaines de la Défense de la Nation. Cependant, la conduite de la politique économique et sociale revient largement au Premier ministre et à son Gouvernement comme les articles suivants de la Constitution le précisent :

Article 21 : *Le Premier Ministre dirige l'action du Gouvernement. Il est responsable de la Défense Nationale. Il assure l'exécution des lois. Sous réserve des dispositions de l'article 13, il exerce le pouvoir réglementaire et nomme aux emplois civils et militaires. Il peut déléguer certains de ses pouvoirs aux ministres.*

Article 39 : *L'initiative des lois appartient concurremment au Premier Ministre et aux membres du Parlement.* ***Article 47-1 :*** *Le Parlement vote les projets de loi de financement de la sécurité sociale dans les conditions prévues par une loi organique.*

Remarque : lorsque le gouvernement propose un texte de loi qui est susceptible de ne pas être voté massivement par sa majorité parlementaire ou parce que la discussion risque d'être très longue (compte tenu d'un grand nombre d'amendements), il est possible d'avoir recours à l'article 49 (notamment l'alinéa 3). Ce vote de confiance aboutit généralement et permet un « passage en force » de projets de lois.

Article 49 :

1 - Le Premier Ministre, après délibération du Conseil des Ministres, engage devant l'Assemblée Nationale la responsabilité du Gouvernement sur son programme ou éventuellement sur une déclaration de politique générale.

2 - L'Assemblée Nationale met en cause la responsabilité du Gouvernement par le vote d'une motion de censure. Une telle motion n'est recevable que si elle est signée par un dixième au moins des membres de l'Assemblée Nationale. Le vote ne peut avoir lieu que quarante-huit heures après son dépôt. Seuls sont recensés les votes favorables à la motion de censure qui ne peut être adoptée qu'à la majorité des membres composant l'Assemblée. Sauf dans le cas prévu à l'alinéa ci-dessous, un député ne peut être signataire de plus de trois motions de censure au cours d'une même session ordinaire et de plus d'une au cours d'une même session extraordinaire.

3 - Le Premier Ministre peut, après délibération du Conseil des Ministres, engager la responsabilité du Gouvernement devant l'Assemblée Nationale sur le vote d'un texte. Dans ce cas, ce texte est considéré comme adopté, sauf si une motion de censure, déposée dans les vingt-quatre heures qui suivent, est votée dans les conditions prévues à l'alinéa précédent.

Le Premier Ministre a la faculté de demander au Sénat l'approbation d'une déclaration de politique générale.

Remarque : Les articles 39 et 47-1 montrent clairement que la mise en oeuvre de la politique voulue par le Gouvernement nécessite **le vote par le Parlement (Assemblée Nationale et Sénat) de lois** ou/et la signature d'ordonnances ou encore de décrets par le Président de la République.

2.2. L'organisation générale de l'État :

Schéma général :

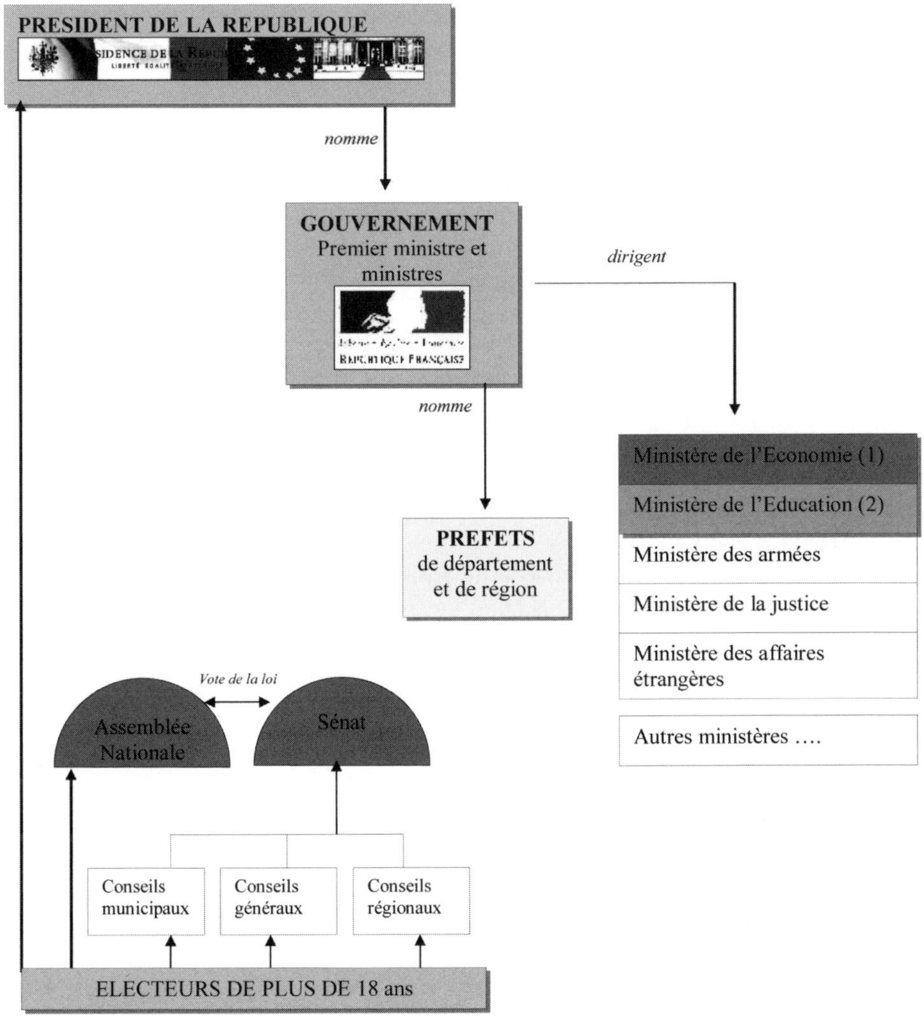

a) Les services de l'État au niveau national :

Une multitude d'Institutions, de juridictions et d'autorités indépendantes

Présidence de la république
Gouvernement
Conseil constitutionnel
Conseil supérieur de la magistrature
Assemblée nationale
Sénat
Cour de justice de la République
Conseil économique et social
Conseil d'État
Tribunal des conflits
Cour de cassation
Cour des comptes
Agence française de lutte contre le dopage (C.P.L.D.)
Autorité de contrôle des assurances et des mutuelles (A.C.A.M.)
Autorité de contrôle des nuisances sonores aéroportuaires (A.C.N.U.S.A.)
Autorité des marchés financiers (A.M.F.)
Autorité de régulation des communications électroniques et des postes (A.R.C.E.P.)
Autorité de sûreté nucléaire (A.S.N.)
Comité national d'évaluation des établissements publics à caractère scientifique, culturel et professionnel (C.N.E.)
Commission d'accès aux documents administratifs (C.A.D.A.)
Commission consultative du secret de la défense nationale (C.C.S.D.N.)
Commission nationale des comptes de campagne et des financements politiques (C.N.C.CF.P.)
Commission nationale de contrôle des interceptions de sécurité (C.N.C.I.S.)
Commission de débat public (C.N.D.P.)
Commission nationale de l'informatique et des libertés (C.N.I.L.)
Commission des participations et des transferts
Commission de régulation de l'énergie (C.R.E.)
Commission de la sécurité des consommateurs (C.S.C)
Commission des sondages
Commission pour la transparence de la vie politique
Conseil de la concurrence
Conseil supérieur de l'audiovisuel (C.S.A.)
Défenseur des enfants
Haute autorité de lutte contre les discriminations et pour l'égalité (H.A.L.D.E.)
Haute autorité de la santé (H.A.S.)
Médiateur de la République.

Détaillons maintenant les administrations qui dépendent du Gouvernement :

Le Gouvernement : Premier ministre et Ministères[1] (en janvier 2009)

1er Ministre ;
Ministère de l'économie, des finances et de l'emploi (voir exemple1)
Ministère de l'éducation nationale (voir exemple 2)
Ministère de l'agriculture et de la pêche
Ministère du budget, des comptes publics et de la fonction publique
Ministère de l'enseignement supérieur et de la recherche
Ministère de la culture et de la communication
Ministère de la défense
Ministère de l'écologie, du développement et de l'aménagement durable durables
Ministère de l'immigration, de l'intégration, de l'identité nationale et du co-développement
Ministère de l'intérieur, de l'outre-mer et des collectivités territoriales
Ministère de la justice
Ministère du logement et de la ville
Ministère de la santé, de la jeunesse et des sports
Ministère du travail, des relations sociales et des solidarités
Ministère des affaires étrangères et européennes

[1] Voir site internet: http://www.premier-ministre.gouv.fr/acteurs/gouvernement/

L'Organisation au sein des ministères :

Exemple (1) : Le Ministère de l'Economie, des Finances et de l'Industrie[1]

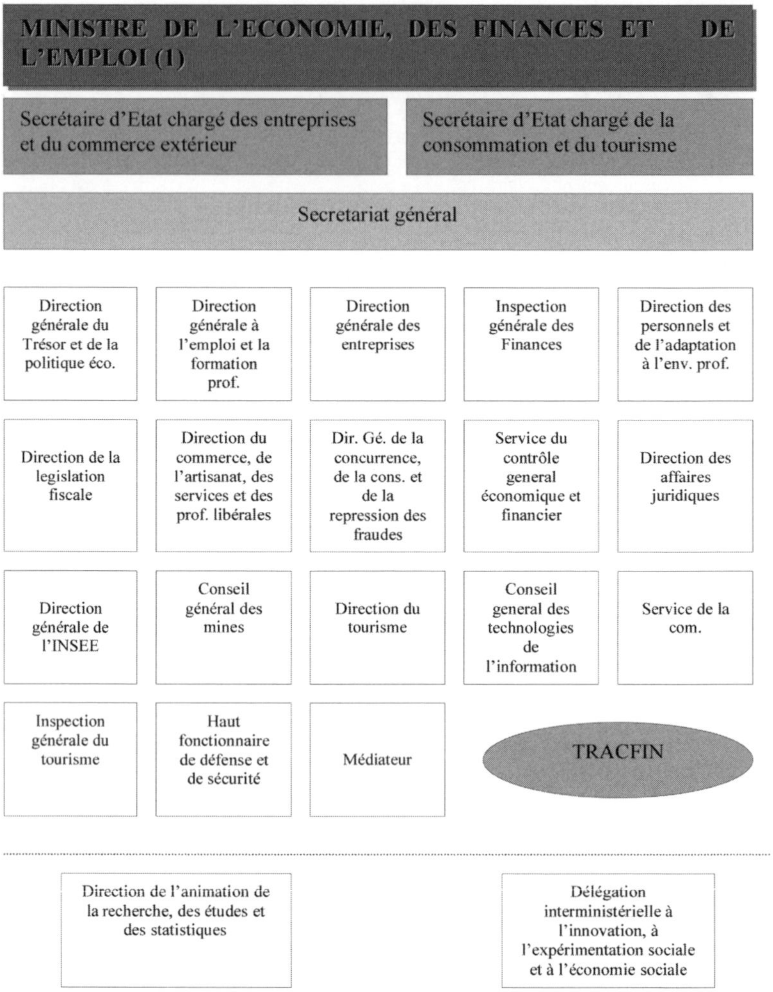

---

[1] voir site internet: http://www.minefe.gouv.fr/ministere_finances/organigramme_minefe.htm

Exemple (2) : Le Ministère de l'Education nationale[1]

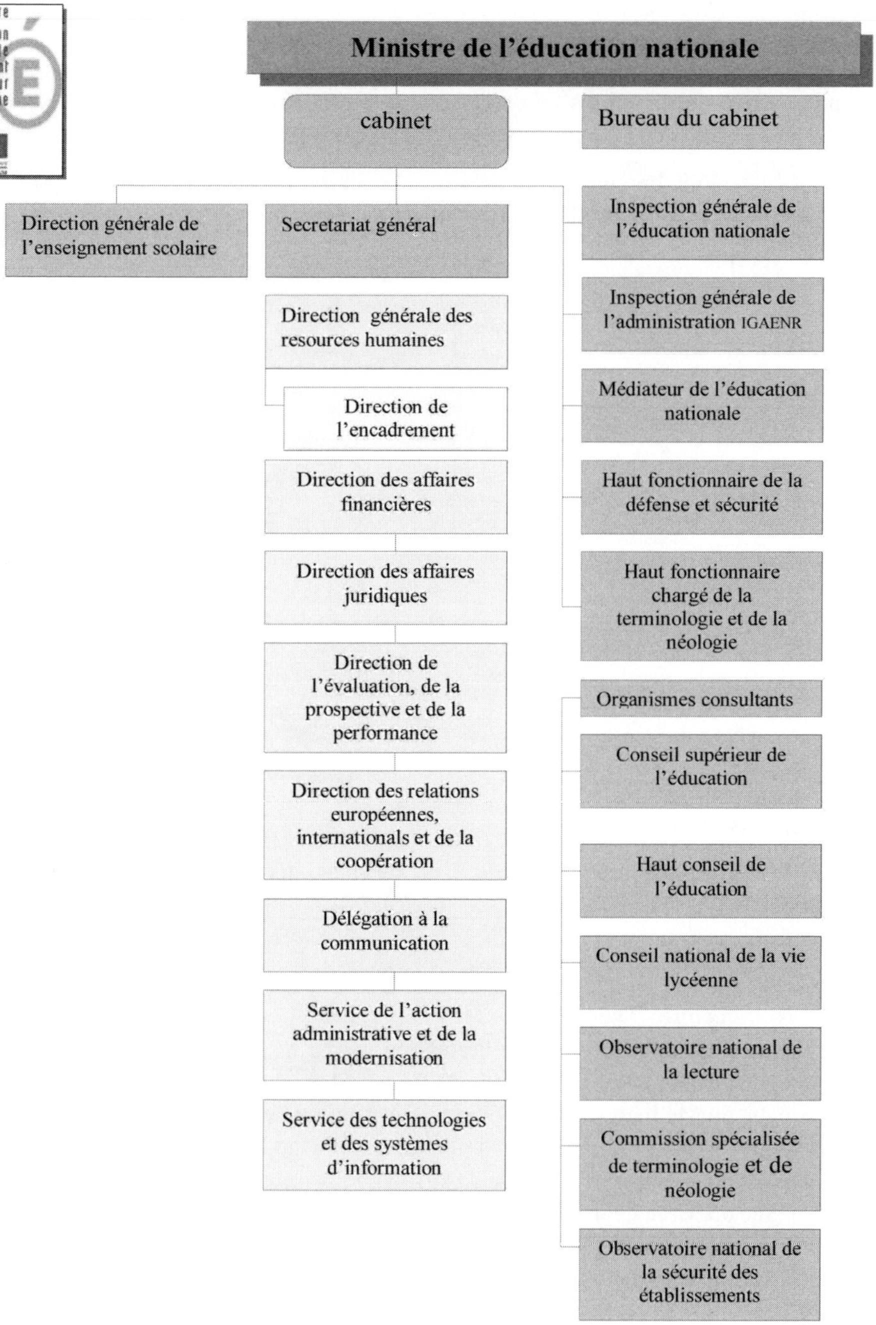

1 Voir site internet: http://www.education.gouv.fr/cid928/organigramme-de-l-administration-centrale.html

b) L'État dans les Départements : les services au niveau local

Au niveau national, l'État est organisé autour d'une multitude de ministères, de commissions, d'autorités.

Au niveau local, l'État est très présent à travers d'abord la Préfecture mais aussi une grande variété de directions départementales des ministères ou encore l'existence des médiateurs chargés de résoudre les contentieux entre l'État et les citoyens.

Ainsi, l'État, dont les ministères se situent à Paris, parvient-il à être à notre service grâce à un maillage important du territoire.

Un exemple : Le Département de la Seine-maritime –76 (Haute Normandie)

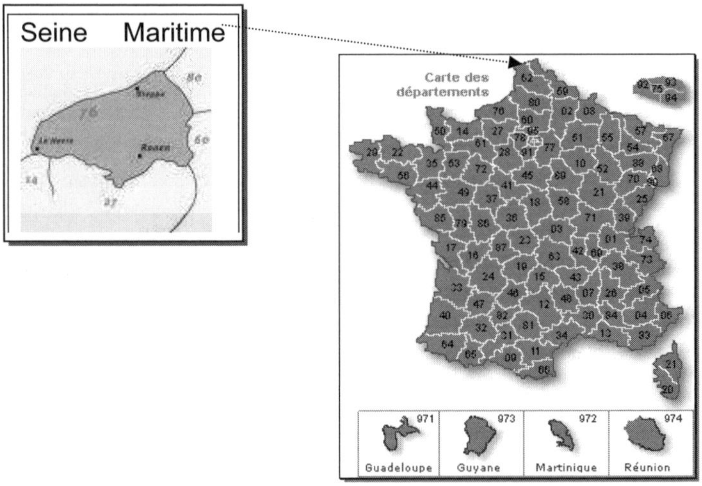

Préfecture (Rouen)

Inspection académique- Direction des services départementaux de l'éducation nationale

Conseil général
Sous-Préfecture - Le Havre
Sous-Préfecture - Dieppe
Délégué du Médiateur - Rouen Préfecture
Délégué du Médiateur - Les hauts de Rouen Maison de justice et du droit
Délégué du Médiateur - Saint-Etienne-du-Rouvray Maison de justice et du droit
Délégué du Médiateur - Yvetot Tribunal de 1e instance
Délégué du Médiateur - Canteleu Maison de justice et du droit
Délégué du Médiateur - Le Havre Maison de justice et du droit
Délégué du Médiateur - Le Havre Maison de quartier Brindeau
Délégué du Médiateur - Fécamp Maison de justice et du droit
Délégué du Médiateur - Dieppe sous-Préfecture
Délégué du Médiateur Neufchâtel en Bray Mairie
Direction départementale des affaires sanitaires et sociales (DDAS)
Direction départementale des services vétérinaires

Direction départementale de l'office national des anciens combattants et des victimes de guerre
Direction départementale des services fiscaux
Direction départementale de l'agriculture et de la forêt (DDAF)
Centre départemental des affaires maritimes
Direction départementale de l'équipement (DDE)
Service départemental de l'architecture et du patrimoine
Direction départementale de la sécurité publique
Direction départementale de la protection judiciaire et de la jeunesse
Direction départementale du travail, de l'emploi et de la formation professionnelle.

L'élément majeur est **la Préfecture :**

La Préfecture : c'est la maison de l'État (au sens propre du terme) **: le Préfet, « grand commis » de l'État y réside.** D'ailleurs, on notera que lors des déplacements des Ministres en Province, l'accueil se fait d'abord à la Préfecture (ou sous-préfecture).

Le Préfet est le seul haut fonctionnaire dont les compétences ont une base constitutionnelle. En effet, l'article 72 de la Constitution de 1958 précise clairement ses rôles et pouvoirs :

Article 72 *(extrait) « Dans les collectivités territoriales de la République, le représentant de l'État, représentant de chacun des membres du Gouvernement, a la charge des intérêts nationaux, du contrôle administratif et du respect des lois ».*

Il est nommé par décret du Président de la République, pris en Conseil des Ministres, sur proposition du Premier Ministre et du ministre de l'Intérieur.

Il est le représentant de l'État dans les départements et les régions et reste l'un des rouages clés de l'administration française. Récapitulons ses missions principales :

Le Préfet :

- Garantit la sécurité intérieure, il est responsable des opérations de secours. Il gère les conflits et les crises : maintien de l'ordre, protection des personnes et des biens, des réseaux de communication et de transport, prévention et traitement des risques naturels ou technologiques.
- Assure, à travers les services préfectoraux la délivrance des titres d'identité, veille à l'application des règles relatives au séjour des étrangers, à la circulation et à la Sécurité Routière, les procédures d'autorisation des enquêtes publiques et l'organisation des consultations électorales.
- Effectue, avec les services déconcentrés de l'État : le contrôle de la légalité, le contrôle budgétaire des collectivités locales et des organismes publics qui exercent une mission d'intérêt général et utilisent les fonds publics ou perçoivent des ressources parafiscales.
- Met en œuvre et coordonne à l'échelon local, les politiques du gouvernement avec les services déconcentrés de l'État. Cela concerne notamment l'emploi, la cohésion sociale, l'aménagement du territoire, le développement économique etc.
- Gère et répartit les dotations, subventions de l'État à l'échelon local.

Les représentants des Ministères dans les régions et départements :

Reprenons l'exemple de l'éducation nationale :

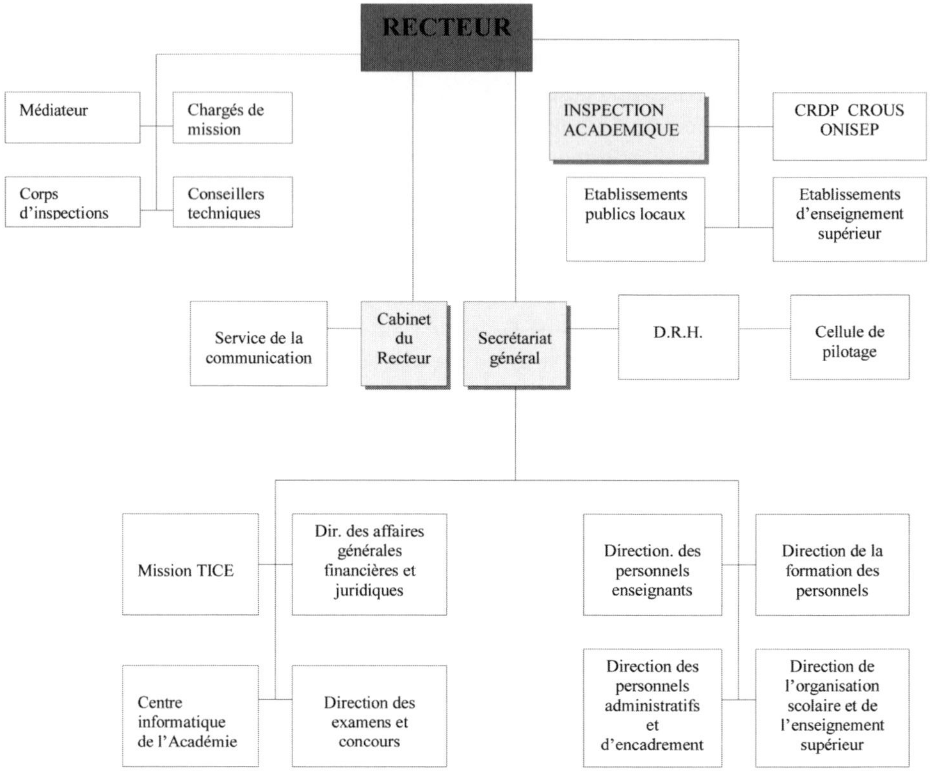

Conclusion :

Si l'État peut donc se caractériser comme l'institution qui dispose de la force légitime, c'est aussi, pour le citoyen une construction complexe de ministères, de Directions administratives, d'autorités qui régissent le fonctionnement de la société.

Chapitre 2 -
LE BUDGET DE L'ÉTAT

Introduction : Etymologie du mot Budget

Le mot ***budget*** est anglais, mais on trouve sa véritable origine dans le terme latin ***bulga.*** Dans l'Antiquité, il s'agissait d'un petit sac de cuir dont les voyageurs se munissaient et qui servait de bourse.

Autrement dit, notre mot actuel correspond bien à l'idée d'un trésor protégé (par l'État).

De nos jours, ce terme représente un document prévisionnel des recettes et des dépenses. Il peut s'agir aussi bien d'un État que d'un particulier.

1. Histoire du budget

1.1. Les recettes de l'État jusqu'à la Révolution

Le mot budget est utilisé en France dès le début du XIXe siècle mais en réalité, ce type de document existait déjà depuis fort longtemps..

En effet, dans l'Antiquité, le système financier est marqué par un puissant système fiscal et une administration unifiée. Dans l'Egypte antique, le Vizir, aidé par le trésorier, présentait au pharaon l'état des réserves en nature. Dans l'Empire romain, à l'époque d'Auguste (27 av J-C ;14 après J-C), la question des finances est déjà très organisée[1]. On peut dresser un tableau récapitulatif des dépenses et recettes.

---

1 À ce sujet, on consultera le Guide Romain Antique de Georges Hacquard, Hachette 1952

Recettes (*fiscus* et *aerarium*)	**Dépenses**
Impôts directs : -*tributum capitatis* (capitation) -*tributum soli* (impôt foncier) **Impôts indirects :** -*portorium* : impôts de circulation -*vectigalia* : impôts prélevés sur les biens -*mutatio* : droits sur les ventes et successions (1/20)	-Militaires -Administratives (rémunération des fonctionnaires) -Alimentaires (*frumentatio* : approvisionnement gratuit de nombreux citoyens) -Assistance publique

Au Moyen-Âge, « le roi de France vit du sien »[1], c'est-à-dire des revenus de son domaine (qu'on appelle le « sien »). Il perçoit ainsi divers impôts de la part des manants installés sur ses terres. C'est le principe qui prévaut de Philippe Auguste (1165-1223) à Charles VII (1403-1461).

En réalité, « *le sien* » ne peut suffire à faire face aux dépenses énormes, nécessaires pour s'assurer la fidélité des seigneurs. De fait, il n'est pas rare de devoir lever des impôts extraordinaires pour financer par exemple les croisades. Les rois s'entourent de financiers aptes à leur prêter des fonds nécessaires. Par exemple, Charles VII[2] s'adjoint un argentier (« trésorier de son épargne ») riche et célèbre : Jacques Cœur[3].

Plus tard, Vauban[4] présenta un projet d'une grande réforme fiscale : il s'agissait de la création d'une *dîme royale*, impôt en nature, qui aurait pu grever toutes les ressources. Le projet mécontenta les catégories privilégiées qui avaient affermé les impôts existants. L'ouvrage, paru en 1707, fut rapidement interdit.

En réalité, la question du budget se résume surtout à trouver des recettes pour faire face aux dépenses liées à la cour et à l'armée royale. Les rois sont donc conduits à multiplier les types d'impôts. La typologie présentée ci-dessous ne se veut pas exhaustive, mais présente les principaux impôts.

■ Les principaux impôts royaux directs ne concernent ni la noblesse ni le clergé

La taille : impôt direct sur les terres ou les personnes dont sont exemptés les nobles, clercs et officiers du roi. C'est à partir de la guerre de cent ans que cet impôt est devenu annuel et permanent.

La capitation[5] : impôt direct (par tête), levé à la fin du XVIIe siècle (sous le règne de louis XIV). Le montant dépendait de la richesse, le rang des individus.

---

[1] Voir l'ouvrage: *Philippe le Bel* par Jean Favier, chapitre VI, Fayard 1978

[2] Charles VII (1403-1461), souvent appelé « Roi de Bourges », a mis fin à la guerre de100-ans.

[3] On peut encore aujourd'hui visiter le palais « Jacques Cœur » à Bourges qui témoigne de la richesse de cet argentier

[4] Vauban (Sébastien Le Prestre de, 1633-1707): auteur de l'ouvrage *La dîme royale*, ingénieur et architecte militaire de Louis XIV.

[5] Du latin *caput*: tête

Le vingtième (c'est-à-dire 5%) institué en 1750, touche l'ensemble des revenus du commerce et l'industrie.

■ **Les principaux impôts royaux indirects sont :**

Les Aides : il s'agissait de taxes sur les aliments, transports, cartes à jouer, le savon... Ces impôts furent progressivement perçus par les fermiers généraux à partir du XVIIe. Ceux-ci achetaient, fort cher, au roi le droit de prélever ces taxes. Pour le Roi, c'était un moyen d'obtenir de façon certaine des ressources importantes. Il s'agit donc d'une délégation de service public.

La Gabelle[1] : taxe sur le sel. Parce que le sel est alors le seul moyen de conserver les aliments, la gabelle est un impôt particulièrement stratégique. Le sel ne pouvait être vendu que dans « les greniers royaux à sel ». La vente est à partir du XIVe siècle (sous Philippe VI de Valois) un monopole d'État. La gestion des greniers à sel était confiée aux fermiers généraux qui y trouvaient là une activité très lucrative.

Les Traites : il s'agit de taxes sur les marchandises aux frontières du royaume et entre certaines provinces

On peut y ajouter d'autres sources de financement :

Les ventes d'Offices : C'est à la Renaissance que les Rois mirent en vente les fonctions de police, de justice et de fiscalité. Il s'agit, là encore, d'une ressource stable pour le Trésor. Les Rois comprirent très vite les avantages d'une telle formule : multiplication des serviteurs du Roi, emprise du Roi sur le territoire : plus 40000 Offices furent vendus au XVIIe.

En 1604, le financier Charles PAULET obtient que les Offices deviennent héréditaires contre le versement d'une taxe rapidement appelée la « paulette ».

Les anoblissements : le souverain pouvait conférer le statut nobiliaire (noblesse de robe) à ceux qui occupaient certaines fonctions dans l'administration royale. Cette opération se révélait extrêmement coûteuse pour l'anobli.

Les emprunts : sur le marché des capitaux et notamment vers les « Aisés » dont on attendait qu'ils souscrivent aux emprunts royaux (usage fréquent au XVIIe pendant la guerre de Trente ans).

Mais on retiendra surtout que, c'est sous l'ancien Régime que le concept de budget évolua vraiment. En effet, à partir de 1561, les surintendants des finances (qui étaient chargés d'ordonner les dépenses de l'État) présentèrent de vrais projets de recettes et de dépenses.

Avec la chute de Nicolas Fouquet en 1661, c'est le Conseil royal des finances qui en eu la charge. Colbert en fut le créateur, y participa en tant qu'intendant avant de devenir le Contrôleur Général des finances.

En outre, on commença à distinguer « *l'état par estimation* » des dépenses de « *l'état au vrai* » présenté en fin d'année et qui retrace les recettes et dépenses réellement

---

[1] Les personnes chargées de récupérer la gabelle étaient souvent appelées les « gabelous »

effectuées. C'est en fait l'ancêtre du principe actuel qui veut que le budget donne lieu à un projet de loi de finances et une loi de règlement après son exécution.

1.2. De la Révolution à la Grande Guerre : les "*4 vieilles*".

La Révolution s'est traduite, à partir de1790, par la suppression des principaux impôts évoqués et la mise en route d'une grande réforme fiscale.

En effet, à partir de 1794, on regroupe les dépenses, recettes des communes, départements et État. On prend aussi rapidement l'habitude de voter les lois de finances ainsi que la loi des comptes (après l'exercice annuel).

C'est à la fin du XIXe que les budgets furent à nouveau séparés.

On distingue toujours les impôts directs et les impôts indirects[1].

■ **Les impôts directs : les « 4 vieilles » :**

La contribution foncière : elle fut créée par la loi du 23 novembre 1790. Elle concerne les propriétaires de biens fonciers. Le montant de cet impôt dépend de la valeur locative du bien. Cette contribution remplace « la taille » évoquée précédemment.

La contribution personnelle mobilière : crée par la loi du 18 février 1791, elle est fonction de la valeur du loyer de l'habitation, considérée comme un indicateur du revenu du contribuable.

La patente : loi du 17 mars 1791. Cette contribution est assise sur l'activité commerciale et industrielle. Le montant dépend de la valeur locative des bâtiments. Elle est donc indépendante des revenus liés à l'activité.

La contribution des portes et fenêtres : instituée par la loi du 24 novembre 1798. Elle est fondée sur le nombre et la taille des fenêtres des immeubles. Cet impôt, versé par les propriétaires, fut complété par l'impôt sur les parcs et jardins.

Commentaires :

Ces impôts sont surtout assis sur la richesse acquise (la propriété) et non la richesse en cours de constitution (grâce aux revenus). Ils dépendent des signes extérieurs de richesse, ne nécessitent pas de déclaration de la part des contribuables ce qui limite la fraude fiscale.

L'impôt au XIXe est aussi proportionnel : le principe actuel de la progressivité de l'impôt, dans un souci d'équité, n'existe pas encore.

Notons encore que ces recettes fiscales ne sont guère liées, du fait de leurs assises, à la croissance économique. Ainsi, le montant des impôts directs est limité, ne varie guère correspond à peu près à 20% des recettes totales de l'État à l'aube du XXe siècle.

■ **Les impôts indirects :**

Il s'agit de taxes qui frappent une grande variété de biens, à l'instar des « aides » et de la « gabelle» sous l'Ancien régime, des impôts abandonnés lors de la Révolution.

Les impôts indirects sont, par définition, égalitaires, plutôt indolores dans la mesure où

---

[1] Voir à ce sujet l'ouvrage *Nouvelle histoire économique* tome I par Jean-Alain Lesourd et Claude Gérard, Fayard 1976

ils grèvent les produits mais sans que le consommateur en mesure véritablement le poids.

Par contre, l'impôt indirect est inéquitable puisque, pour une consommation égale, il représente un poids (dans les dépenses) d'autant plus important que les revenus sont faibles.

Les gouvernements du XIXe siècle ont vu dans ces impôts indirects, des rentrées fiscales faciles à instituer et à augmenter. De fait, celles-ci n'ont cessé de croître pour représenter plus de 55% à la veille de la Grande guerre.

Citons quelques exemples célèbres :

- Taxes sur les produits dits superflus comme le tabac ou les cartes à jouer
- Taxes sur la plupart des produits essentiels comme le sel, les boissons, le pain

Pour conclure, signalons d'autres recettes fiscales, notamment celles liées à la transmission de capitaux, droits de douane, droits de timbre (25% des recettes de l'État au début du XXe. siècle).

1.3. Les recettes de l'État au XXe siècle :

La Belle époque est marquée par de longs affrontements concernant l'instauration **d'un impôt sur le revenu**.

Le projet, présenté pour la première fois à la Chambre dès 1907 par Joseph CAILLAUX[1], député de la Sarthe et plusieurs fois ministre, se heurta notamment à l'hostilité de Jules ROCHE[2] qui vit dans l'impôt **progressif** sur le revenu une façon de s'immiscer dans la vie privée des citoyens.

En effet, ce nouvel impôt supposait une déclaration, qui devait être vérifiée par une commission ad hoc.

À la différence des 4 vieilles, le calcul ne se fait plus sur des signes extérieurs d'une richesse acquise mais sur une richesse en cours de construction. Après de nombreuses vicissitudes, l'impôt naquit véritablement en 1917, en pleine guerre.

Pendant les trente glorieuses[3], l'Impôt sur les Sociétés (I.S) fut séparé de l'Impôt sur les Revenus des Personnes Physiques (I.R.P.P). Celui-ci pris en compte, à partir des années soixante, la taille des ménages (principe du quotient familial).

La France inventa aussi le principe de la Taxe sur la Valeur Ajoutée[4] (avril 1954). Jusqu'en 1966, elle concernait les grandes entreprises. À partir de 1966, elle s'appliqua à toutes les activités commerciales notamment de détail.

---

[1] Joseph Caillaux (1863-1944) député de la Sarthe, plusieurs fois ministre notamment de 1906 à 1909. Objet de critiques virulentes de la part de certains journaux, notamment le Figaro, il fut obligé de démissionner lorsque son épouse tua le 16 mars 1914 d'un coup de revolver le Directeur de ce journal, Gaston Calmette.

[2] Jules Roche (1841-1923) fut député de l'Ardèche et ministre de 1890 à 1892. En 1909, il vota contre le projet.

[3] Expression de Jean Fourastié pour caractériser la période 1945-1975. Elle fut le titre d'un de ses ouvrages en 1979.

[4] La TVA a été inventée par Maurice Lauré en 1954

Depuis l'entrée en crise dans les années soixante-dix, bien des gouvernements ont cherché à diminuer le poids des impôts afin de soutenir le pouvoir d'achat et de fait, la consommation des ménages.

Cela s'est traduit par une réduction du nombre de tranches d'imposition, une baisse des taux marginaux. En conséquence, si tous les ménages contribuent aux recettes de l'État par le biais de la TVA (le taux actuel est de 19,6% avec un taux réduit à 5,5% pour certains produits et services), par contre un ménage sur deux est dispensé d'IRPP parce que l'ensemble de ses revenus imposables est inférieur au seuil fixé par le MINEFI.

100 ans après le projet d'un impôt sur le revenu, de nouveaux débats s'annoncent :

■ Proposition d'un « impôt à la source »

Un projet a été présenté au public en 2007 par le ministre de l'Economie et des finances Thierry Breton (sous le gouvernement de Dominique de Villepin). Cela signifierait l'impôt serait versé directement par l'employeur et non plus par le contribuable.

Les avantages seraient :

- L'État percevrait instantanément des recettes fiscales liées à la croissance économique et non plus avec un décalage d'une année civile. En effet, les contribuables ne paient actuellement l'impôt que sur les revenus de l'année passée.
- En outre, l'IRPP deviendrait plus indolore : les ménages n'ayant plus à faire de déclaration active et de versements au Trésor public.

Des objections peuvent néanmoins exister :

- Comment un tel procédé pourrait-il prendre en compte toutes les particularités des ménages comme la taille, les situations familiales souvent très complexes.
- Les salariés souhaiteront-ils communiquer toutes les informations privées à leur employeur afin de permettre un calcul précis de l'impôt ? C'est peu probable compte tenu des comportements de nos concitoyens plutôt hostiles à toute intrusion dans leur « domaine privé ».

Si le débat ne fait sans doute que commencer, notons que le principe de l'impôt à la source est déjà appliqué dans bien des pays comme l'Allemagne, l'Italie ...

■ Proposition d'une « TVA sociale »

L'idée consiste à augmenter le taux de TVA pour financer totalement ou en partie la protection sociale : les cotisations sociales seraient alors réduites.

Les avantages seraient :

- Une baisse du coût du travail (mais pas des salaires nets) grâce à la diminution des charges au service de la performance des entreprises. Il peut s'agir d'un stimulant de la croissance française.
- Augmentation du prix des biens et services importés : moins de concurrence de la part des pays où le système de protection sociale est peu développé ou inexistant.
- Mettre un terme au lien entre montant du salaire et cotisation sociale.

- Le financement de la protection sociale deviendrait la responsabilité de tous puisque c'est l'ensemble des consommateurs qui serait concerné et non plus simplement les actifs. En effet, compte tenu du vieillissement démographique, le système actuel de financement des retraites par les actifs est voué à être toujours plus déficitaire. La TVA « sociale » permettrait une assise de prélèvements plus large, moins sensible à la structure de la pyramide des âges.

Les critiques ne manqueront pas :

- Rappelons que la TVA est jugée inéquitable par beaucoup : à dépense égale, la TVA pèse plus lourdement sur les ménages aux revenus modestes.
- Il faudrait une hausse sans doute considérable du taux de TVA pour compenser la fin (ou une forte baisse) des cotisations sociales.
- Un risque inflationniste n'est pas à exclure (même si l'exemple allemand montre que depuis son application en Janvier 2007, l'inflation ne s'est pas accélérée).
- Une telle mesure pourrait être considérée comme une simple substitution d'un prélèvement obligatoire par un autre. Il s'agit donc, dans tous les cas, d'une ponction de pouvoir d'achat et non d'une réelle diminution des prélèvements obligatoires[1].

2. Principes actuels relatifs au budget

2.1. Des fondements :

Chaque année, le gouvernement français présente au Parlement un projet de loi de finances qui présente, dans un projet de budget, pour l'année suivante les dépenses et les recettes de l'État. Ce document volumineux se doit d'apporter de la lumière, de la transparence sur la manière et la nécessité de procéder à des dépenses publiques et le prélèvement d'impôts sur la richesse de la nation.

La loi organique, relative aux lois de finances du 1er Août 2001 (L.O.L.F.), a modifié certaines règles.

Mais, les grands principes évoqués ci-dessous restent d'actualité.

■ **L'annualité** : L'autorisation de recettes et dépenses est faite pour **1 an**. Cela peut surprendre puisque bien des dépenses s'étalent sur plusieurs années : équipement des ministères (achat de matériels pour l'armée par exemple) ou encore dépenses liées aux traitements (salaires) des fonctionnaires.

En effet, le recrutement de ceux-ci engage des dépenses pour très longtemps. Remarquons aussi que cela conduit à des pratiques discutables : en fin d'année civile, les administrations cherchent généralement à « consommer » les crédits restants.

---

[1] Lire les critiques du professeur Pascal SALIN dans le rapport n°283 du Sénat présenté par Jean ARTHUIS en 2007

La nécessité de présenter chaque année un budget nouveau signifie encore que la vision des dépenses et des recettes ne peut être qu'à court terme.

Cependant, il est tout de même rassurant pour le citoyen de savoir que, grâce à ce principe de l'autorisation annuelle, l'État ne peut être tenté par une dérive excessive des dépenses.

■ **L'Unité :** il s'agit pour le gouvernement qui présente le projet de loi de finances de produire un **document complet, unique** de toutes les recettes et dépenses de l'État. Ainsi, le Parlement a une vision globale.

Ceci est d'autant plus justifié aujourd'hui que dans le cadre du traité de Maastricht, la France, comme les 12 autres pays de la zone €, doit veiller à ce que les comptes publics consolidés (budget de l'État + budget des collectivités locales + budget de la sécurité sociale) ne présentent pas un déficit supérieur à 3% du Produit Intérieur Brut (P.I.B)

On notera ainsi que dans la mesure où les recettes de la sécurité sociale, des collectivités locales sont partiellement financées par l'État, il est tout à fait logique que le Parlement ait un pouvoir de décision sur l'ensemble des budgets.

■ **L'Universalité** : Ce principe oblige l'État à présenter l'ensemble des recettes et dépenses. Cela signifie aussi que toutes les recettes s'additionnent pour former un **ensemble, un bloc**, de sorte qu'aucune ressource ne puisse être affectée par avance à un type de dépenses.

En effet, comment serait perçu, par exemple, un impôt sur les célibataires dont les recettes seraient reversées directement aux familles nombreuses ? Le risque serait alors évident : le développement du sentiment de « toujours payer pour les autres ».

En outre, il y a une asymétrie entre recettes et dépenses : ces dernières peuvent aisément être fixées, prévisibles. Il n'en est pas de même pour les recettes qui dépendent largement de la conjoncture : par exemple, les recettes liées à la TVA dépendent de la consommation des agents (qui elle-même dépend de la croissance économique).

Remarquons tout de même que l'article 16 de la L.O.L.F. prévoit des dérogations : si une recette doit être affectée à une dépense, elle est inscrite dans un compte spécial.

■ **La spécialité :** Le budget doit aussi préciser, de façon détaillée, l'affectation des dépenses. Chaque Député, sénateur, peut savoir ce qui est fait de l'argent public.

Le budget décrit l'affectation par ministère (et au sein même d'un ministère), la répartition par titres. On y indique, comme le prévoit l'article 5 de la L.O.LF., les dotations des pouvoirs publics, les dépenses de personnel, les dépenses de **fonctionnement** (consommation des administrations : entretien des bâtiments publics ...), les charges de la dette de l'État, et les dépenses d'**investissements** (création de routes, d'universités…), ainsi que les dépenses d'intervention et les dépenses d'opérations financières.

De plus, le projet doit indiquer comment les dépenses engagées par un ministère, correspondent à un programme, une mission de la politique publique.

Notons que depuis 2001, beaucoup de crédits accordés à chacun des ministères sont globalisés ce qui lui laisse une marge de manœuvre plus grande.

Remarques :

- Il est d'abord essentiel de pouvoir évaluer la part des dépenses publiques affectée à l'investissement public.

En effet, lorsqu'on engage des programmes lourds d'investissement comme l'amélioration des réseaux de communication (accès internet par exemple), l'État prépare l'avenir de la Nation. Des réseaux de meilleure qualité permettront plus d'échanges de nature économique, ce qui est un facteur de croissance future.
Par contre, les dépenses de fonctionnement visent surtout à assurer l'efficacité de l'État ; en effet, il s'agit de permettre à l'État de remplir ses fonctions.

- Par ailleurs, la majorité parlementaire (qui soutient au quotidien le gouvernement en place) doit pouvoir vérifier dans le projet de loi de finances que l'action du gouvernement est conforme aux idées, au programme politique pour lesquels le premier ministre et ses ministres ont été choisis.

■ **La sincérité :** ce principe repose sur l'idée que les prévisions de recettes et de dépenses inscrites dans le projet de budget doivent être, autant que faire se peut, **réalistes**.

En effet, lors de la préparation du budget de l'année (t) au Printemps de l'année (t-1), le gouvernement dispose d'estimations de la croissance pour l'année future.

Or, dans la mesure où les recettes fiscales sont très largement liées à la croissance, il convient d'être réaliste. Une croissance du PIB plus forte que prévue engendrera alors « *une cagnotte fiscale* ».

À l'inverse, c'est le déficit budgétaire qui risque de se creuser. L'exercice est donc risqué. D'autant plus que dans le cadre du traité de Maastricht (1992) et du Pacte de Stabilité et de Croissance (signé à Amsterdam en 1997), la marge de manœuvre est limitée.

Notons que ce principe de sincérité est présent dans les articles 32 et 33 de la L.O.L.F

2.2. La L.O.L.F[1] : Loi Organique des Lois de Finances du 1er Août 2001

a) Présentation

C'est à partir de l'an 2000 que la question d'une réforme concernant les lois de finances est apparue. L'objectif est alors de moderniser le fonctionnement de l'État.

Le principe général est de favoriser **l'efficacité de l'État** en donnant plus de libertés dans la gestion des dépenses par les ministères mais aussi plus de contrôle de la part du Parlement qui doit pouvoir **juger des résultats**.

Cette loi organique des lois de finances (texte proposé par le Député de l'Isère Didier Migaud en juillet 2000 et soutenu par le Sénateur Alain Lambert) a été adoptée grâce à un large consensus politique.

[1] Pour un exposé complet, on se reportera aux notices de la documentation française, *Finances publiques* 2006 2e édition.

Elle comporte 68 articles et abroge la loi organique des lois de finances du 2 janvier 1959.

b) Principes : La réforme de 2001 introduit trois nouveautés :

- La réforme du cadre de la gestion publique pour l'orienter vers les résultats
- L'amélioration de la transparence des informations budgétaires et du contrôle parlementaire.
- Une nouvelle organisation des **choix stratégiques** des finances publiques.

Elle met notamment fin au vote des dépenses par ministère, par catégories d'opérations. Désormais, le Parlement doit voter les dépenses par **mission.** La mission est désormais l'unité de vote du budget par le Parlement.

La L.O.LF. prévoit en effet, dans l'article 7, que les crédits ouverts par les lois de finances pour couvrir chacune des charges budgétaires de l'État sont regroupés par mission**.**

Une mission comprend un ensemble de programmes concourant à une politique publique définie.

Le programme, défini au niveau ministériel, regroupe les crédits identifiant une politique publique.

C'est la nouvelle unité de spécialité budgétaire pour les gestionnaires. Au sein des programmes, on trouve encore les actions.

Les actions sont les sous-ensembles des programmes, dans lesquelles sont réparties les dépenses. Grâce à l'identification d'indicateurs pertinents et fiables, il sera ensuite possible de formuler des objectifs pour les politiques ministérielles.

Ainsi, l'article 48 prévoit que le gouvernement donne, dans le dernier trimestre, un rapport au Parlement qui comporte notamment la liste des missions, programmes et des indicateurs de performances associés à chacun de ces programmes. Ce rapport peut donner lieu à un débat à l'Assemblée nationale et au Sénat.

L'idée de mission a induit la notion **d'évaluation de la performance** de la gestion publique justifiée au premier euro**.**

« La justification au premier euro » est un outil d'explicitation des crédits soumis au vote du Parlement. C'est un élément essentiel de sa bonne information pour apprécier la sincérité du projet de loi de finances.

La justification des crédits développe le contenu physique et financier du programme et explique les déterminants de la dépense (nombre d'usagers, volume d'activité, superficie des bâtiments, déterminants de la masse salariale, coûts unitaires de dispositifs d'intervention, mesures de réforme, etc…).

Cette partie des **bleus budgétaires** revêt une importance particulière car elle se substitue, pour les dépenses de personnel, aux traditionnels tableaux des emplois et, pour les crédits, à la liste des mesures.

La justification au premier euro établit un emploi prévisionnel des crédits. La justification peut se faire tantôt au niveau du programme tantôt au niveau des actions.

Afin de mieux appréhender les notions de mission et programme, nous prendrons l'exemple d'une mission inscrite dans le projet de loi de finance 2006 et qui concerne le ministère de la défense dans la présentation faite par le ministère de l'économie, de l'industrie et des finances (MINEFI). On pourra, à travers cet exemple, remarquer le degré de détails des informations données dans le projet de loi de finances

La « MISSION DEFENSE » (projet de loi 2006)

Ministre concerné : ministre de la Défense
Autorisations d'engagement : 36,97 milliards d'euros
Crédits de paiement : 36,06 milliards d'euros
334 204 emplois (équivalent temps plein travaillé)

A. Présentation de la mission

La mission Défense comprend 4 programmes :

- ***Le programme « Environnement et prospective de la politique de défense »*** *(1,64 milliard d'euros) fédère l'ensemble des actions contribuant à l'élaboration de la politique de défense de la France. Cela concerne la prospective en matière d'évolution du contexte stratégique, la définition des systèmes de forces futurs, le maintien de capacités industrielles et technologiques cohérentes, la diplomatie de la défense et la recherche du renseignement.*
- ***Le programme « Préparation et emploi des forces »*** *(20,9 milliards d'euros) vise en particulier à réaliser les objectifs opérationnels fixés par le Président de la république soit : la dissuasion nucléaire, la projection extérieure/action, la sauvegarde des populations et des territoires.*
- ***Le programme « Soutien de la politique de la défense »*** *(2,91 milliards d'euros) est le programme support de la mission. Il comprend les différents organismes d'administration centrale. Il regroupe en particulier, sous le pilotage du secrétariat général pour l'administration (SGA), les crédits relatifs à l'immobilier et à l'informatique générale.*
- ***Le programme « Equipement des forces »*** *(10,61 milliards d'euros) a pour finalité la mise à disposition des équipements nécessaires aux armées pour l'exercice de leurs missions.*

Répartition des crédits de paiement par programme
Environnement et prospective de la politique de défense 5%
Préparation et emploi des forces 58%
Soutien de la politique de défense 8%
Equipement des forces 29%

B. Les objectifs majeurs en 2006

- ***Assurer les déploiements en opérations extérieures***

L'engagement opérationnel des forces sur des théâtres d'opérations extérieures conduit à disposer de capacités de commandement et de conduite d'opération et, d'autre part, à disposer de la capacité d'assurer la projection extérieure dans de bonnes conditions. Ces opérations se déroulent le plus souvent dans un cadre international, conformément aux engagements pris par la France dans le cadre de l'Union européenne et de l'OTAN.
Afin de rendre compte de la montée en puissance de la capacité de commandement stratégique de la France, un indicateur mesurant le niveau de certification par l'Union européenne d'un poste de commandement interalliés et interarmées est mis en place. Un indicateur similaire est présenté pour mesurer la qualité du déploiement des forces déployées par la France sous l'égide de l'OTAN.
S'agissant de la participation à une opération extérieure, les armées doivent être en mesure de maintenir la réactivité des forces de façon permanente. Afin de mesurer cette disponibilité opérationnelle, l'indicateur du niveau de réalisation du contrat opérationnel (nombre d'hommes susceptibles d'être projetés) est mis en place pour chacune des armées.

- ***Poursuivre la réalisation des programmes majeurs d'armement***

Les forces armées bénéficient d'améliorations significatives de leurs capacités, grâce à la mise en œuvre des programmes d'armement prévus dans le modèle d'armée 2015 (avion de combat Rafale, hélicoptère de combat Tigre, ...).
Il est également prévu de poursuivre le développement et la réalisation des matériels prévus par la loi de programmation militaire, comme par exemple ***l'avion de transport A400M, le missile stratégique M51, le véhicule blindé de combat pour l'infanterie VBCI et les frégates multimissions FREMM****. Ces réalisations vont de pair avec la poursuite des efforts en matière de cohérence opérationnelle. De nombreux programmes sont, en effet, mis en œuvre pour assurer la bonne intégration des systèmes de forces, en matière de partage d'information notamment. Les principaux programmes d'armements font l'objet de sous-actions identifiées dans le programme « Equipement des forces ». La justification au premier euro des crédits employés donne une visibilité sur les caractéristiques des principaux équipements, le calendrier de leur livraison et l'échéancier des coûts afférents.*

- ***Consolider la professionnalisation des armées et améliorer la condition militaire***

En 2006, les réformes structurelles destinées à mieux organiser l'activité des armées et accroître l'efficacité de la dépense se poursuivent. Les évolutions portent notamment sur la gestion des personnels (déconcentration), l'interarmisation de certains services (infrastructures par exemple) ainsi que sur le recours accru à une externalisation de certaines prestations.

C. Les principales mesures pour 2006

Le projet de loi de finances pour 2006 prévoit la mise en œuvre des mesures prévues par la loi de programmation militaire pour la période 2003-2008. Les crédits relatifs à la loi de programmation militaire (LPM) et la loi d'orientation et de programmation pour la sécurité intérieure (LOPSI) relèvent pour la plus grande part du titre 5. Les crédits LPM et LOPSI, tous titres confondus, représentent 15,7 milliards d'euros de crédits de paiement et 16,1 milliards d'euros d'autorisation d'engagement.
Une provision au titre du surcoût, engendré par les opérations extérieures, a été inscrite à hauteur de 250 millions d'euros.
S'agissant des personnels, le budget de la défense pour 2006 permettra de maintenir les effectifs au niveau de l'exercice 2005 et de poursuivre le plan d'amélioration de la condition militaire (26 millions d'euros en 2006) ainsi que la mise en œuvre du Fonds de consolidation de la professionnalisation (22,6 millions d'euros). Un effort spécifique sera consacré au personnel civil (15,5 millions d'euros de mesures catégorielles) permettant notamment une meilleure gestion des compétences et des carrières.

Répartition des crédits de paiement par titre
Dépenses de personnel 49%
Dépenses de fonctionnement 20%
Dépenses d'investissement 30%
Dépenses d'intervention 1%

Détail du programme 146 : « équipement des forces terrestres »

« Action n° 02 » : Équipement des forces terrestres
La finalité de cette action est de mettre à disposition de l'armée de terre des équipements, nouveaux ou rénovés, permettant de développer ou de renforcer les capacités nécessaires à l'exécution des contrats opérationnels qui lui sont fixés. Cette action s'inscrit ainsi dans la stratégie de renouvellement et de modernisation des équipements, s'appuyant sur la loi de programmation militaire (LPM) 2003- 2008, pour la constitution des « systèmes de forces ».

Finalités propres de l'action : *Cette action permet, à partir des objectifs d'état-major et des spécifications militaires souhaitées, de s'assurer de la cohérence de l'équipement des fonctions opérationnelles de l'armée de terre pour ne pas pénaliser la réalisation des engagements opérationnels des forces terrestres dans un cadre interarmées. Elle revient à coordonner les développements et la réalisation des programmes d'armement de la composante terrestre, qu'il s'agisse de matériels neufs ou de modernisations et de refontes. Elle a aussi pour but l'évaluation opérationnelle des équipements livrés.*

La coordination des fonctions opérationnelles de l'armée de

terre permet d'être en mesure de mener à bien les opérations militaires terrestres dans un cadre interarmées.

L'équipement de ces fonctions repose sur des analyses visant d'abord à identifier le besoin des forces, puis à le satisfaire au moindre coût dans les délais prévus.
L'action couvre deux domaines complémentaires et le plus souvent indissociables :
- *des opérations importantes appelées aussi « programmes d'armement » qui découlent le plus souvent des dispositions retenues par la loi de programmation militaire ;*
- *des opérations de moindre ampleur financière, mais dont l'importance est cruciale pour garantir la cohérence opérationnelle des moyens mis en œuvre par les forces.*

Pour cette action, le chef d'état-major de l'armée de terre (CEMAT) est responsable de la mise en place dans les forces des matériels fabriqués (conditions d'utilisation, règles initiales pour la maintenance et élaboration de la documentation) et propose au CEMA la définition du besoin opérationnel. Au sein de l'armée de terre, la section technique de l'armée de terre (STAT) est associée à ce programme. Les autres états-majors et directions interarmées participent en tant que de besoin.
Certains programmes d'armement peuvent être conduits en coopération internationale.

Présentation des sous-actions et des fonctions opérationnelles des forces terrestres

Les opérations d'armement de la composante terrestre sont réparties en onze grandes fonctions opérationnelles et vingt et une sous-actions identifiant huit programmes d'armement. La présentation en sous-actions par logique de fonction opérationnelle permet à la fois le suivi des crédits des programmes, la progression dans l'équipement de ces fonctions et la cohérence globale de l'équipement de l'armée de terre. Elle permet également, pour une année donnée, de marquer les efforts au profit de certaines fonctions selon l'analyse des priorités du besoin opérationnel. Les onze fonctions opérationnelles (avec les programmes d'armement identifiés) répondent aux objectifs suivants :
- *aéromobilité (**NH90, TIGRE**) : combat mené avec les unités équipées d'hélicoptères armés et d'hélicoptères de transport tactique ;*
- *combat embarqué (**char LECLERC**) : combat mené essentiellement par les unités équipées de blindés (**chars, VTT**...) ;*
- *combat débarqué antichar (FELIN, **VBCI :**véhicule blindé de combat d'infanterie) : combat mené par les unités d'infanterie, au contact de l'adversaire, contre des troupes débarquées et des blindés ;*
- *défense sol-air (FSAF) : protection des forces terrestres et des installations contre les attaques aériennes ;*
- *frappes dans la profondeur (**COBRA**) : moyens d'acquisition et feux d'appui déclenchés par l'artillerie afin, en priorité, de réduire le potentiel adverse ;*
- *guerre électronique : ensemble des mesures permettant, d'une part de déterminer, exploiter, réduire ou empêcher l'utilisation par l'ennemi du spectre électromagnétique, et d'autre part d'assurer son emploi par les forces amies ;*
- *simulation : outils permettant l'entraînement opérationnel et l'aide à la conduite des opérations ;*
- *systèmes d'information et de communication (PR4G) : mettent en œuvre, notamment, les réseaux nécessaires au traitement de l'information et à la communication entre les postes de commandement et les forces pour coordonner et conduire la manœuvre ;*
- *renseignement : vise à acquérir, à rendre utilisable et à diffuser les informations sur les forces adverses (ou leur présence) et le milieu. Cette fonction vise également à tromper l'adversaire sur la manœuvre envisagée par les forces amies ;*
- *mobilité logistique : vise à donner aux forces terrestres les moyens de transport et de déplacement nécessaires à leur action ;*
- *agencement de l'espace terrestre : ensemble des activités permettant de rendre le terrain conforme aux besoins de l'action. Il s'agit d'aider au déploiement des forces amies ou de réduire les possibilités de mouvement de l'adversaire en entravant sa progression par la mise en œuvre d'obstacles. Il s'agit, également, de permettre l'installation des forces amies.*

2.3. L'élaboration du budget de l'État

Le budget d'une année t concerne en fait trois années : t-1 ; t et t+1

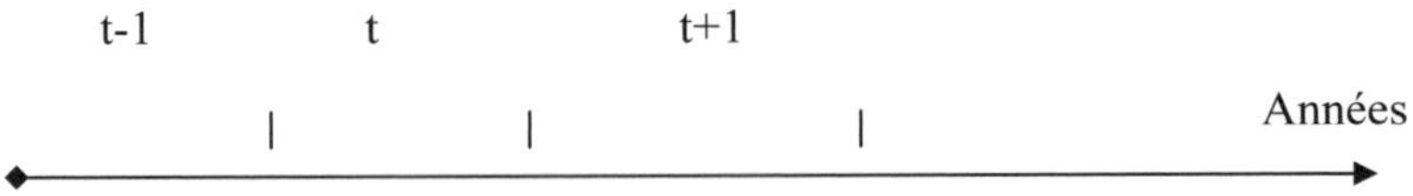

a) Année t-1 : c'est la préparation du projet de budget pour l'année t

Nous reprenons ci-dessous le calendrier du budget[1] tel qu'il est présenté par le MINEFI :

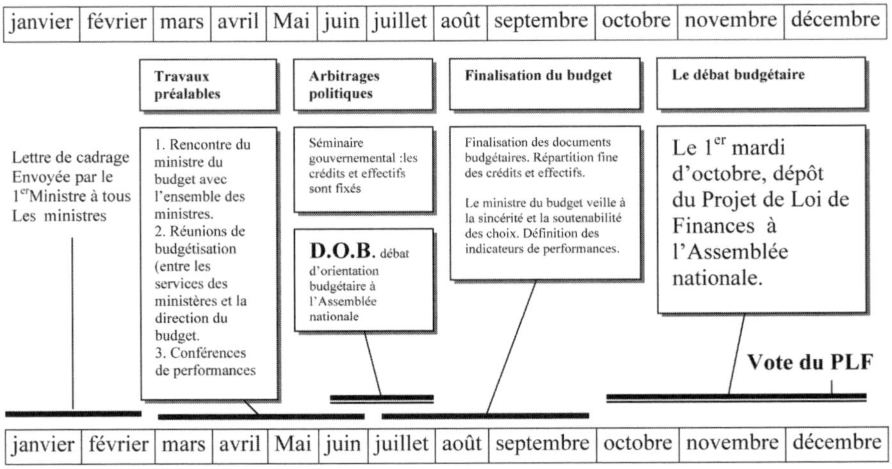

Dans ce calendrier, on peut distinguer plusieurs grandes étapes :

Le 1er semestre correspond à une période de préparation administrative, de discussions et d'arbitrages rendus par le 1er ministre. À la fin de cette période (juin), les ministres reçoivent les lettres-plafond qui fixent la limite des crédits pour chaque mission et le nombre d'emplois.

---

[1] http://www.performance-publique.gouv.fr/fileadmin/medias/images/b lget/approfondir/calendrier_ sept2007.gif

Après le Débat d'Orientation Budgétaire (D.O.B.) à l'Assemblée nationale et au Sénat[1], l'administration élabore les documents budgétaires notamment les indicateurs de performances (liés à la L.O.L.F.).

À partir de la rentrée, la préparation du budget entre dans la phase parlementaire selon un calendrier rigoureux (précisé dans l'article 39 de la L.OL.F. et article 47 de la constitution) :

- Dépôt du Projet de Loi de Finances (PLF) au plus tard **le premier mardi d'Octobre.**
- L'Assemblée nationale a alors **40 jours** pour se prononcer en 1ère lecture.
- Le Sénat dispose ensuite de **20 jours** pour discuter du projet.
- La commission mixte paritaire (représentants de l'Assemblée et du Sénat) doit harmoniser,dans les **10 jours**, les propositions des deux Chambres afin d'obtenir ensuite un vote définitif.

On constate donc que le projet doit être voté dans les **70 jours** qui suivent le dépôt du PLF. Si le délai n'est pas respecté, le PLF est mis en oeuvre par ordonnances.

b) Année t : c'est l'exécution du budget préparé l'année précédente

Au cours de cette année, 3 grand types de textes relatifs au budget sont présentés et discutés par le Parlement :

- **La loi de règlemen**t (article 37 de la L.OL.F.) pour **l'année t-1** doit être présentée **avant le 1er juin** de cette année **t**, discutée et votée avant le vote du PLF pour l'année **t+1**. Ce texte permet d'arrêter définitivement les dépenses et recettes de l'année **t-1** : c'est une nécessité compte tenu de l'écart inévitable entre le budget préparé en **t-2** et le budget effectivement réalisé en **t-1**.

  On notera que l'obligation pour le Parlement d'étudier la loi de règlement avant le PLF permet de tenir compte des erreurs passées pour réduire, autant que faire se peut, les écarts futurs.

- **La loi de finance** pour **l'année t+1 :** selon les mêmes principes .

- **Loi de finances rectificative** ou « collectif budgétaire » pour **l'année t** (articles 35, 42 de la L.O.L.F.) : Il s'agit de textes qui doivent permettre au gouvernement de modifier les priorités en cours d'année lorsque la conjoncture économique se modifie subitement ou lors d'un changement de gouvernement.

c) Année t+1 : c'est le règlement

Au début de cette nouvelle année, le Parlement procède au vote de la loi de règlement pour **l'année t.**

Signalons pour conclure le montant des budgets[2] dans les vingt dernières années.

---

[1] Ce débat correspond aux exigences de la L.O.LF.: plus d'informations pour Parlement

[2] D'après le Tableau de l'Economie Française (TEF) par l'INSEE

	Budget général		
	Dépenses	Recettes	solde
1985	-161	138	-23
1990	-195	180	-15
1995	-243	197	-46
2000	-262	233	-29
2004	-291	245	-46
2005	-288	243	-45
2006	-329	282	-47
2007	-334	292	-42

En 2008 [1] : le budget voté en Décembre 2007 (en milliards d'€)

Dépenses		**Recettes**	
Enseignement et recherche	82,3	T.V.A	135
Collectivités territoriales	53,6	Impôts sur le revenu	60,5
Remboursement de la Dette	42,8	Impôts sur les sociétés	53,8
Défense	36,9	Taxe sur les produits pétroliers	16,5
Travail, emploi, solidarité	24,5	Autres recettes fiscales	5,8
Sécurité et justice	22,4	Autres recettes	28,1
Union européenne	18,4		
Transport, ville et logement	16,1	**Total Recettes :**	**299,7**
Autres missions	44,4		
Total :	**341,4**	**Déficit :**	**41,7**

Remarque : En janvier 2009, Les résultats de l'exécution du budget 2008 sont : déficit de **51,4** milliards d'€ (au lieu de 41,7 prévus dans le PLF).

3. Les autres budgets

À côté du budget de l'État au sens strict du terme, il faut considérer les autres budgets qui lui sont directement liés comme celui des organismes de la protection sociale et ceux des collectivités locales.

[1] D'après document présenté par le MINEFI au printemps 2008 lors des déclarations de revenus.

3.1. Le budget de la protection sociale :

a) Quelques repères :

La protection sociale s'est considérablement développée en France à la fin de la 2e guerre mondiale sous l'influence notamment du Conseil National de la Résistance (CNR) et celle du Général de GAULLE (président du Gouvernement Provisoire de la République).

Mais avant de s'intéresser au cas français, signalons que ce mouvement général vers un *welfare state* est largement partagé :

- par le Royaume-Uni : importance du rapport de Lord Beveridge[1], commandé par Winston CHURCHILL[2]
- par l'Allemagne : des lois relatives à la protection sociale existent depuis les années 1880 en Allemagne sous l'impulsion du Chancelier Otto Von BISMARK[3].

On peut distinguer :

- Le modèle Beveridgien, **universaliste,** où l'État prend en charge les risques sociaux de tous grâce à un financement par **l'impôt**.
- Le modèle Bismarkien, quant à lui, est fondé sur **l'assurance sociale** c'est-à-dire le versement de prestations en fonction d'un besoin et d'une adhésion par des **cotisations.**

Très clairement, **la France choisit à la fin de la guerre le système Bismarkien** . N'oublions pas que les « Provinces perdues » (Alsace, Moselle) en 1871 sont à nouveau françaises depuis 1918.

Or, dans ces régions, c'est bien le système allemand qui s'est appliqué, avec succès, à partir des années 1880. Le souci d'harmonisation fut, sans aucun doute, un élément important dans le choix du modèle.

Avec les ordonnances[4] des 4 et 19 octobre 1945 préparées par Pierre Laroque[1] et les lois du 22 mai 1946, la sécurité sociale en France va prendre en charge les risques

---

[1] Le haut fonctionnaire William Beveridge publia le 1er décembre 1942 un rapport de 300 pages intitulé *Social Insurance and Allied Services* qui mit en relief la nécessité d'un État, tuteur de la société. Il s'agissait, selon lui, de lutter contre les cinq géants du mal: la Misère, la Maladie, l'Ignorance, la Saleté et l'Oisiveté.

[2] Winston Churchill (1874-1965), nommé 1er ministre le 13 mai 1940, ne pu promettre à cette date que « de la sueur, du sang et des larmes » mais prépara, grâce au rapport Beverdige, l'après-guerre.

[3] Otto von Bismark (1815-1898) unifia l'Allemagne en 1871 et imposa les premières lois sociales (*Sozialstaat*) à partir de1883

[4] Ordonnance du 4 octobre 1945, modifiée par les lois des 7, 24 et 30 octobre 1946 et les lois des 19 mars 1947, 23 août 1948, 21 février 1949 2 août 1949 et 6 mars 1950. **Article premier:** « *Il est institué une organisation de la sécurité sociale destinée à garantir les travailleurs et leurs familles contre les risques de toute nature susceptibles de réduire ou de supprimer leur capacité de gain, à couvrir les charges de maternité et les charges de famille qu'ils supportent. L'organisation de la sécurité sociale assure dès à présent le service des prestations prévues par les législations concernant les assurances sociales, l'allocation aux vieux travailleurs salariés, les accidents du travail et maladies professionnelles et les allocations familiales et de salaire unique aux catégories de travailleurs protégés par chacune de ces législations dans le cadre des prescriptions fixées par celles-ci et sous réserve des dispositions de*

sociaux. Il s'agit de compenser les pertes de revenus liées à la maladie, la vieillesse, la maternité, l'invalidité, le décès et les accidents du travail.

On peut retenir quelques décisions essentielles :

- Le financement des caisses se fait grâce à des **cotisations** versées par les **employeurs** et les **salariés**.
- Les régimes spéciaux antérieurs ne sont pas unifiés avec le régime général (il s'agit des régimes des cheminots, des agriculteurs, des mineurs..) mais les déficits structurels des régimes spéciaux sont, par principe, compensés par les excédents du régime général.
- L'Alsace (Haut-Rhin et Bas-Rhin), le Département de la Moselle conservent certaines particularités (notamment des remboursements plus généreux des frais médicaux).
- Les organismes sociaux ont une vraie autonomie par rapport à l'État, la gestion étant paritaire (employeurs et salariés).
- Les prestations sont conditionnées par des cotisations préalables.

Remarquons que la protection sociale obligatoire comprend aussi des couvertures particulières comme l'UNEDIC[2] (depuis 1958 le risque lié au chômage est lui aussi couvert) ou encore des régimes de retraites complémentaires (AGIRC-ARRCO[3]) obligatoires à partir de 1972.

Le choix d'un système assurantiel pose le principe d'une mutualisation des risques : tous les cotisants prennent en charge les risques sociaux de certains selon le principe du « **voile d'ignorance** »[4] : chacun d'entre-nous considère qu'il a une même probabilité de connaître des risques sociaux (maladie…).

À côté de la protection sociale obligatoire, notons l'existence d'autres formes de prise en charge des risques sociaux :

- Protection sociale complémentaire proposée par des Sociétés financières (Mutuelles, banques ou par les employeurs eux-mêmes).
- Aide sociale : il s'agit de prestations versées par les départements aux personnes ne disposant que de très faibles ressources (personnes âgées :1 million, handicapés : 226000 et aide à l'enfance en difficulté : 268000).
- RMI : le Revenu Minimum d'Insertion existe depuis la loi du 1er Décembre 1988 (votée à une écrasante majorité), il s'adresse à toute personne d'au moins 25 ans, non étudiant, dont les revenus n'atteignent pas un certain montant. Il

---

la présente ordonnance. Des ordonnances ultérieures procéderont à L'harmonisation desdites législations et pourront étendre le champ d'application de l'organisation de la sécurité sociale à des catégories nouvelles de bénéficiaires et à des risques ou prestations non prévus par les textes en vigueur ».

[1] Pierre Laroque (1907-1997) fut chargé de rédiger ces ordonnances instituant la sécurité sociale

[2] **UNEDIC**: **U**nion **N**ationale interprofessionnelle pour l'**E**mploi Dans l'**I**ndustrie et le **C**ommerce . À l'échelle locale, il s'agit des **ASSEDIC: ASS**ociations pour l'**E**mploi **D**ans l'**I**ndustrie et le **C**ommerce.

[3] **A**ssociation **G**énérale des **I**nstitutions de **R**etraites des **C**adres (**AGIRC**): existe depuis 1947. **A**ssociation pour le **R**égime de **R**etraite **CO**mplémentaire des salariés (**ARRCO**) crée en 1961.

[4] notion développée par Pierre Rosanvallon in *La nouvelle question sociale* Seuil 1995 p 54 à 57

s'agit d'une **allocation différentielle** dont le montant ne peut excéder une somme fixée en fonction de la situation familiale. Depuis les lois sur la décentralisation, le RMI est versé par les départements, il concerne environ 1 200 000 bénéficiaires.

Montant maximal versé après prise en compte des autres revenus éventuels

Nombre d'enfants	Personne seule	Couple
0	440,86 €	661,29 €
1	661,29 €	793,55 €
2	793,55 €	925,81 €
Par enfant en plus	176,34 €	176,34 €

Chiffres 2007

Par une loi du 1er décembre 2008[1], le RMI est remplacé par le **Revenu de Solidarité Active (RSA)**.

Il est défini ainsi[2] :

« Le revenu de Solidarité active est une prestation sociale, calculée en fonction des revenus du travail, de la situation familiale et des autres ressources d'un ménage. Il joue le rôle de revenu minimum, quand les ménages n'ont aucune ressource.
Il complète les revenus du travail, pour ceux dont les revenus sont trop faibles pour sortir de la pauvreté ou se situent au bas de l'échelle des salaires.
Le revenu de Solidarité active est conçu de telle sorte qu'une augmentation des revenus du travail se traduise toujours par une amélioration des ressources.
Ce n'est plus une allocation différentielle dont on soustrait les revenus du travail ».

Le coût annuel est estimé entre 1 et 2 milliards d'€. Le financement se fera par une contribution additionnelle de 1,1% aux contributions sociales sur les revenus d, qui passent d e11% à 12,1% du capital.

b) La question du financement de la sécurité sociale

Depuis plusieurs décennies, la **CNAM**[3] et la **CNAV** présentent des déficits récurrents (c'est le sens du fameux « *trou de la sécu* »).

Les principales explications se trouvent dans l'évolution démographique : augmentation de l'espérance de vie et vieillissement rapide de la population alors que le nombre de cotisants ne progresse pas aussi vite.

Les soins se révèlent aussi de plus en plus coûteux, c'est sans doute le prix à payer des progrès remarquables de la médecine.

En effet, l'aspect comptable ne doit surtout pas masquer les prodigieuses avancées réalisées dans ces domaines depuis la fin de la guerre comme on peut le constater à travers ces quelques chiffres :

---

[1] Voir site web :http://www.legifrance.gouv.fr/
[2] http://www.premier-ministre.gouv.fr/IMG/pdf/livre_vert.pdf
[3] **CNAM**: Caisse Nationale d'Assurance Maladie ; **CNAV**: Caisse Nationale d'Assurance Vieillesse

	1950	2007
Taux de mortalité infantile	83°/°°.	3,8°/°°
Espérance de vie à la naissance des femmes ($e°_f$)	69,4 ans	84 ans

Au-delà des succès en matière de prise en charge des risques sociaux, il n'en demeure pas moins que les comptes de la protection sociale connaissent des besoins de financements importants :

Capacité ou besoin de financement des administrations de sécurité sociale						
Dates	2000	2001	2002	2003	2004	2005
En milliards d'€	+6,8	+6	-3,7	-10	-15,9	-3,8

Source INSEE

En 2004, par exemple, le total des dépenses (emplois) de protection sociale représentait 598,6 milliards alors que les ressources ne s'élevaient qu'à 587,3 milliards d'€.

Les dépenses les plus importantes concernent la branche vieillesse (209 milliards) et la santé (167 milliards) alors que celles de la branche famille-maternité ne représentent que 45 milliards. Les dépenses liées au chômage s'élèvent à 38 milliards.

On peut s'étonner à priori de l'absence récurrente d'un équilibre des comptes de la protection sociale. En réalité, il faut prendre en compte le fait que la loi accorde à chacun un droit à des prestations indépendamment de la situation comptable.

Face à la montée inexorable du poids de la protection sociale (29% du PIB en 2004), l'État est passé de la situation de spectateur (les régimes étaient gérés paritairement par les représentants des salariés et des employeurs) à celui d'acteur incontournable.

L'État doit en effet :

- Veiller au critère de Maastricht (la dette des administrations publiques ne doit pas dépasser 60% du PIB). C'est une nécessité dans le cadre du Pacte de Stabilité et de Croissance (adopté par les Européens en 1997 à Amsterdam).
- Prendre en charge des risques non couverts par la sécurité sociale ou l'Unedic
- Orienter le taux de prélèvements obligatoires ($= \frac{\text{impôts} + \text{cotisations sociales}}{\text{PIB}} .100$) afin de stimuler la croissance économique.
- Ouvrir les débats relatifs à l'avenir de la protection sociale.

C'est dans ce contexte que, par une loi constitutionnelle du 22 février 1996, les **L**ois de **F**inances de la **S**écurité **S**ociale (**LFSS**) furent crées[1].

c) La **L.O.L.F.S.S**[2]. et les **LFSS** :

Si depuis 1996, les recettes et dépenses de la sécurité sociale donnent lieu à une loi de finance votée par le Parlement, il faut souligner que la LOLFSS du 2 Août 2005 organise désormais les LFSS.

---

[1] Pour le projet de LFSS 2007 voir le site http://www.legifrance.gouv.fr/

[2] **L.O.L.F.S.S.:** **L**oi **O**rganique relative aux **L**ois de **F**inances de **S**écurité **S**ociale.

Grâce à la LOLFSS, le Parlement dispose désormais :

- D'informations précises concernant les recettes et dépenses de la sécurité sociale, notamment l'**O**bjectif **N**ational des **D**épenses de l'**A**ssurance **M**aladie (**ONDAM**)[1] mais aussi des objectifs relatifs aux autres branches de la sécurité sociale : les accidents du travail et maladies professionnelles, la famille et la vieillesse.
- D'une vision pluriannuelle nécessaire dans le cadre du **P**acte de **S**tabilité et de **C**roissance (**PSC**)
- Des objectifs de performance (à l'instar de ce que la LOLF a introduit pour les lois de finances)

Le Projet de la LFSS (PLFSS) est préparé, présenté au Parlement (à l'automne) de façon coordonnée avec la loi de finances.

À partir du dépôt du PLFSS, le Parlement dispose de 50 jours pour discuter, amender et voter la LFSS. Celle-ci s'applique alors à partir du 1er janvier de l'année suivante.

L'évolution la plus marquante de cette dernière décennie tient sans doute dans la présence de plus en plus évidente de l'État dans la gestion de la sécurité sociale.

En effet, on assiste à une fiscalisation progressive : le produit de certains impôts est affecté au budget de la sécurité sociale. Il s'agit de :

- La **CSG**[2] : cette contribution s'applique sur les revenus du travail (taux :7,5%) et du capital, elle est recouvrée, comme les cotisations sociales, par l'URSSAF[3].
- La **CRDS** : la **C**ontribution pour le **R**emboursement de la **D**ette **S**ociale existe depuis 1996 (taux actuel de 0,5%)
- La **CSA :** Contribution Solidarité Autonomie instaurée en 2004 à la charge des employeurs (0,3% du salaire).
- Prélèvements sur les revenus du capital
- Taxes sur le Tabac et l'alcool

Les recettes du régime obligatoire de base, inscrites dans le PLFFSS 2009[4], témoignent de cette importance croissante :

Cotisations	260,2	60,45%
Contributions publiques	17,7	
impôts et taxes affectées	**116,9**	**27,10%**
Tranferts reçus	30,6	
Revenus des capitaux	0,5	
Autres ressources	4,5	
Total	430,4	100%

[1] Voir l'annexe « B » du PLFSS 2007 sur le site de la sécurité sociale: http://www.securite-sociale.fr
[2] **CSG**: **C**ontribution **S**ociale **G**énéralisée, instaurée par Michel ROCARD en 1991
[3] **URSSAF**: **U**nion de **R**ecouvrement des cotisations de **S**écurité **S**ociale et d'**A**llocations **F**amiliales
[4] Voir le site de la sécurité sociale: http://www.securite-sociale.fr notamment l'annexe « C » du PLFSS 2009.

Force est de constater qu'avec la fiscalisation croissante des recettes de la sécurité sociale et le développement de l'aide sociale, la France modifie les principes choisis dans l'après-guerre :

D'un système essentiellement « bismarkien », on passe aujourd'hui à un système davantage « beveridgien ».

3.2. Les budgets des collectivités locales

a) Définition : les collectivités locales correspondent aux :

- Communes (**36782** en 2007) ou groupements de communes (2573 en 2006) . la commune est , au sens du droit public, une personne morale. Elle dispose d'un budget dont les ressources proviennent des transferts de l'État mais aussi de la fiscalité locale (taxe d'habitation, professionnelle).
- Départements (**100** : 96 en métropole et 4 DOM : Guadeloupe,Guyane,Martinique, La Réunion) : il s'agit de collectivités locales décentralisées , dirigées par un conseil général. Celui-ci dispose aussi d'un budget
- Régions (**22** en métropole et 4 DOM) : elles sont dirigées par un conseil régional, disposent elles aussi d'un budget propre.

b) Principes essentiels des budgets

Ils sont à peu près conformes aux principes du budget de l'État, c'est-à-dire :

- L'annualité
- L'universalité
- L'unité
- La spécialité
- La sincérité

Dans les budgets des collectivités locales, on distingue deux sections :

- **Fonctionnement** (recettes et dépenses nécessaires au bon fonctionnement des collectivités)
- **Investissements** (dépenses qui doivent permettre de préparer l'avenir par la réalisation d'infrastructures par exemple) .

Prenons l'exemple des finances des collectivités territoriales en 2005[1]

Dépenses		Recettes	
Fonctionnement	104,6	Fonctionnement	12
Investissements dont remboursement de dette (14,9)	57,26	Investissement dont emprunts (17,7)	32,73
TOTAL	161,86	TOTAL variation du fond de roulement	161,74 - 0, 12

Le vote des budgets se fait sur le principe d'un équilibre général mais l'excédent des recettes fonctionnement permet le remboursement d'emprunts souscrits par le passé.

[1] Source : INSEE TEF 2006

L'emprunt des APUL (Administrations Publiques Locales) peut se faire auprès des banques (financement « intermédié ») ou d'autres agents (financement « désintermédié ») par le biais principalement d'obligations.

Notons qu'avec les lois de décentralisation de 1982 et 2004, les collectivités locales ont acquis des compétences nouvelles. Par exemple, les conseils généraux (départements) ont en charge la construction et l'entretien des collèges, les conseils régionaux (Régions) veillent, eux, aux lycées.

De même, les dépenses liées au RMI (cela concerne plus d'un million d'allocataires et représente une dépense d'environ 5,5 milliards d'€) sont à la charge des conseils généraux (départements).

En 1984, les dépenses des APUL représentaient 8,3% du PIB et 10,8% en 2004. L'augmentation des dépenses étant compensée par des transferts de l'État aux régions et aux Départements.

c) Des dépenses et des recettes

Concernant les recettes, signalons que la plupart sont partagées entre les Régions, Départements et Communes[1].

Détaillons les recettes de l'ensemble des collectivités locales de l'année 2004

Fiscalité directe - taxe d'habitation : 12,51 - taxe sur foncier bâti :16,47 - taxe sur foncier non bâti :0,92 - taxe professionnelle :23,62 - autres :8,74	**62,26**
Fiscalité indirecte - Taxe des publicités foncières et droits d'enregistrement : 4,25 - Vignettes automobiles : 0,13 - Taxe sur l'électricité : 1,35 - Taxe add. Droits de mutation : 1,85 - Taxe sur les cartes grises automobiles : 1,43 - Taxes sur les permis de conduire : 0,04 - Autres taxes (sur les casinos et de séjours) : 1,5	**10,55**
Taxes liées à l'urbanisme	**0,63**
(TIPP) Taxe Intérieure sur les Produits Pétroliers Octroi de mer	**4,94** 0,76

Le total de la **fiscalité locale** est d'environ **78 milliards d'€**

À cette fiscalité, s'ajoute **l'effort financier de l'État** en faveur des collectivités locales :

61,4 milliards d'€ en 2005, **64,6 milliards en 2006**

---

[1] Le lecteur pourra consulter la taxe d'habitation de son logement pour s'en convaincre !

Enfin, les **emprunts** des APUL dépassent **17 milliards en 2005**

La somme atteint donc environ 160 milliards d'€. Mais le montant impressionnant de ces recettes est en fait à la hauteur des missions qui incombent aux collectivités locales.

Nous reprendrons ici, grâce aux documents de la Direction Générale des Collectivités Locales (DGCL), l'inventaire des dépenses des Régions :

Prenons l'exemple du budget 2009 de la région Franche-comté[1] (en millions d'€) :

Dépenses		**Recettes** de la région Franche-Comté	
Annuité d'emprunt	18,8	Dotations de l'État :	197,7
Education	82,2	Fiscalité régionale :	141
Recherche /Enseignement supérieur	10,3	- directe 105,5	
Culture	14,3	- indirecte 35,5	
Formation professionnelle	110,3	Compensation de l'État (liée aux transferts de compétences : loi de 2004)	3,4
Action économique/économie sociale et solidaire	50,4	Recettes diverses :	22,3
Transports	125,3	Emprunt classique :	22,4
Aménagement du territoire/ environnement/ énergie	20,5	Emprunt LGV Rhin-Rhône	42,3
		T.I.P.P	80,9
International	6,5		
Moyens institutionnels	6,7		
Frais de personnels	64,7		
Total :	**426,9**	**Total :**	**426,9**

4. Le déséquilibre du budget et son financement

Notre pays s'est habitué depuis de nombreuses années à connaître des déficits budgétaires (voir plus haut).

Ceux-ci concourent à l'augmentation de la dette publique, (des APU) comme on peut le constater à travers ces quelques repères statistiques.

	Déficit public	**Déficit en % du PIB**	**Dette publique**	**Dette en % du PIB**
1980	+0,7	+0,2%	-92,2	20,8%
1990	-24	-2,3%	-363,6	35,3%
2000	-21,1	-1,5%	-817,2	56,7%
2005	-49,3	-3%	-1138,4	66,6%
2006	-44,9	-2,5%	-1142,2	63,7%
2008	-51,1	-2,9%	-1284,8	66,7%

En milliards d'€ (chiffres INSEE)

[1] Pour plus d'informations, voir www.cr-franche-comte.fr

Avec la crise, le déficit budgétaire va probablement dépasser en 2009 80 milliards d'€ (environ 3,9% du PIB). La dette publique représentera alors sans doute 69% du PIB.

Les besoins de financement de l'État sont couverts par des emprunts d'État. Il s'agit d'obligations émises par l'**A**gence **F**rance **T**résor (**A.F.T.**)[1] crée en 2001 (elle dépend du Trésor public)

L'AFT a pour mission de gérer au mieux la dette de l'État notamment en empruntant le moins possible, à un taux faible, en garantissant aussi les remboursements des emprunts passés, en assurant aussi un solde quotidien du compte du trésor (auprès de la Banque de France) toujours positif.

On distingue trois catégories d'obligations d'État :

- Les **O.A.T.** : **O**bligations **A**ssimilables au **T**résor. Ce sont des emprunts à long terme (7 à 50 ans), en général à taux fixe mais parfois aussi indexés sur l'inflation française (OATi). Les OAT représentent environ 70% de la dette négociable (en 2006).
- Les **B.T.AN. : B**ons du **T**résor à intérêt **AN**nuel. Ce sont des emprunts à moyen terme (2 à 5 ans), ils représentent 21% de la dette négociable.
- Les **B.T.F. : B**ons du **T**résor à taux **F**ixe. La durée est ici de 2 à 6 semaines, 3 mois, 6 mois voire 1 an. Les BTF représentent 9% de la dette négociable.

Le calendrier, le volume des emprunts est annoncé dans l'année précédant l'émission. Celles-ci sont faites par adjudications auprès des **S**pécialistes en **V**aleurs du **T**résor (**SVT**) : 21 banques sont agrées[2] (françaises et étrangères).

Ces SVT se chargent de placer ces titres auprès du public, des investisseurs institutionnels français mais aussi étrangers (on estime qu'en 2006 54% de la dette est détenue par des agents étrangers).

On constate d'ailleurs que la demande d'obligations d'État (OAT, BTAN ou BTF) est très forte malgré la tendance à la hausse de la dette publique. Cela peut sembler paradoxal a priori.

En effet, on a souvent dénoncé ces dernières années l'incapacité de l'État à enrayer le gonflement de la dette publique sans que le placement des obligations d'État soit plus difficile ou plus cher[3].

Cela s'explique sans aucun doute par quelques caractéristiques de notre pays :

- La signature de l'État est jugée très sûre : note **AAA** par les agences de notations internationales comme Fitch Ratings, Moody's ou Standard and Poor's.
- La capacité de l'État à collecter les impôts en France.
- La pérennité de l'État : absence de crise politique majeure (guerre, révolte..) depuis plusieurs décennies, régime politique stable.

Concluons en nous intéressant plus particulièrement à une catégorie de titre d'emprunt :

---

[1] Voir le site de l'AFT: www.aft.gouv.fr

[2] Il s'agit par exemple d'HSBC, BNP Paribas, Credit Mutuel, Caisse d'Epargne….

[3] Les OAT à 50 ans sont actuellement (2007) proposées à 4,03% seulement

LES OAT A TAUX FIXE :

- *Elles sont émises à l'AFT pour une durée jusqu'à 50 ans.*
- *La valeur nominale est de 1€.*
- *Remboursée à l'échéance en une fois.*
- *Versement d'un coupon fixe une fois par an (ex : OAT 4%, 25 Octobre 2014 : le capital sera remboursé le 25/10/2014, chaque année, les intérêts versés (coupon) seront de 4% de la somme investie).*
- *Les particuliers peuvent revendre ces OAT avant l'échéance grâce au marché secondaire « Euronext ». Les SVT sont chargées d'animer le marché afin de garantir la possibilité de vendre ou d'acheter ces titres avant la date d'échéance.*
- *Comme toutes les obligations, les OAT sont cotées en pourcentage du nominal, hors coupon couru (le coupon couru est la valeur du coupon qui est attaché prorata temporis un jour donné. En effet, celui qui revend l'OAT ne perçoit pas le coupon annuel qui est attaché). Dans l'exemple précédent, une revente le 30 mai 2005 correspond à 217 jours (depuis le dernier coupon versé le 25 octobre 2004) pour une durée de 365 jours entre le versement des deux coupons. Ainsi, le coupon couru s'élève à :* $4\%.\frac{217}{365} = 2{,}378\%$
- *La cotation des OAT : les OAT aux particuliers sont cotées sur Euronext dans un groupe dédié en suivant le même calendrier et les mêmes horaires de cotation que les actions (9h -17h30). Chaque OAT est identifiée par son code ISIN. Ainsi, l'OAT fixe 25/10/20014 - 4% cote le 21 mai 2007 : 97,92% et 2,301% hors coupon couru. Ceci signifie que l'investisseur qui souhaite acheter 1000 titres (valeur nominale 1000 €) devra payer* $1000.(97{,}92\% + 2{,}301\%) = 1002{,}21€$ *. À l'échéance (25/10/2014), l'investisseur obtiendra 1000€ (après avoir obtenu tout de même 4€ en 2007, 2008, 2009 ……2014 soient 32€).*
- *Le rendement d'une OAT : l'investisseur cherche, en général, la rémunération la plus forte possible pour son capital. Ainsi, il compare et fait des arbitrages (choix) entre les différents placements. Si les taux d'intérêt des placements alternatifs (Livret A, etc…) sont orientés à la baisse (par exemple 3%), le coupon de l'OAT (4%) devient par comparaison plus attractif. De fait, il y a plus d'acheteurs de l'OAT (4%) ce qui fait augmenter son cours. À l'inverse, lorsque les taux montent, le cours de l'OAT (4%) baisse.*
- *La fiscalité des OAT : elle de 27% sur la plus-value en cas de cession. Le coupon est soit intégré à l'IRPP ou soumis au prélèvement forfaitaire obligatoire (taux : 27%).*

Chapitre 3 -
LES FONCTIONS DE L'ÉTAT

Introduction

« À quoi sert l'État ? Mais que fait l'État ? » . Autant de questions fréquentes qui montrent le flou existant dans l'esprit de la plupart des Français. Certes, le citoyen perçoit bien la présence de l'État en admirant le défilé militaire du 14 juillet, lors de l'inauguration d'un bâtiment public par le Préfet en grand uniforme ou encore à l'occasion de la visite d'un Ministre au chevet d'entreprises célèbres en difficulté (Alstom, Airbus).

Mais ces quelques aspects visibles ne rendent guère compte de l'étendue des fonctions de l'État. Cela est d'autant plus manifeste que son rôle pas figé dans le marbre.

Traditionnellement, on considère que jusqu'à la seconde guerre mondiale, il s'agit plutôt d'un « État gendarme », un État minimal assurant simplement les fonctions de défense nationale, de police, de justice et d'émission de monnaie.

Depuis 1945, on parle plutôt d'un « État providence » : l'État élargit ses fonctions aux domaines économiques et sociaux.

Cette distinction est évidemment caricaturale : depuis Colbert, l'État intervient dans la sphère de la production industrielle (manufactures royales).

Mais c'est sans doute la classification des fonctions de Richard MUSGRAVE[1] qui est la plus pertinente pour appréhender les missions de l'État :

Les trois grandes fonctions (très liées entre elles) de l'État sont :

- **L'allocation** : l'État produit des biens publics
- **La stabilisation :** l'État régule l'économie
- **La redistribution** : l'État réduit les inégalités

---

[1] Richard Musgrave (1910-2007). Ouvrage célèbre: *Théorie des finances publiques* 1959

Aborder les fonctions consiste donc à tenter de classer mais aussi de comprendre, justifier cette présence essentielle de l'État. Afin de simplifier l'approche, nous suivrons une démarche largement chronologique.

1. Des fonctions régaliennes[1] :

Il s'agit des fonctions les plus anciennes mais toujours fondamentales.

1.1. La fonction de Défense nationale :

La volonté des hommes de conquérir des terres voisines par la force est une constante dans notre Histoire et cela, depuis la plus haute Antiquité. La naissance de véritables États n'y a rien changé, la France n'est jamais restée en paix pendant plus de quelques décennies.

Une rupture s'est produite néanmoins avec Vauban au XVIIe siècle. Jugeant les conquêtes de Louis XIV aussi difficiles (guerre de Hollande) qu'éphémères, l'ingénieur estime, dans une lettre à Louvois[2] que ***« le Roi devrait songer à faire son pré carré »***, c'est-à-dire un bloc homogène (à peu près notre hexagone actuel) et non conserver des possessions dispersées, des places fortes françaises et ennemies trop souvent enchevêtrées. Il y a alors une véritable sanctuarisation du sol national.

Vauban souhaite ainsi définir les « bornes »[3] naturelles de la France et assurer la défense du sol national par une double ceinture de places fortes. C'est ainsi que ce célèbre poliorcète[4] créa ou améliora plus de 100 forteresses[5] de la mer du nord à la Méditerranée.

Vauban protège aussi les façades maritimes par des citadelles dans les grands ports comme Cherbourg, Dieppe, Saint-Malo ou encore Saint-Martin en Ré. La défense de la France se fait aussi sur mer par l'encouragement à la « guerre de course » : on encourage des corsaires[6], comme Jean Bart, à arraisonner des navires ennemis, à prendre les marchandises qui sont partagées ensuite.

Après la défaite de 1870 et la perte de l'Alsace-Lorraine, l'État fortifie à nouveau les frontières par une nouvelle ligne de forteresses crée par le général Séré de Rivières (Verdun, Toul, Belfort, Brest). Paris fut aussi à nouveau fortifié à cette époque.

---

[1] Régalien: du latin *rex, regis:* le Roi

[2] Lettre du 3 janvier 1673 à Louvois (1641-1691) qui dirigeait le secrétariat d'État à la guerre mais aussi surintendant des bâtiments, des arts et manufactures.

[3] On parle ici de borne, symbole de paix, plutôt que de frontière dont le terme évoque davantage la guerre, les conquêtes. Sur cette question, le lecteur pourra se reporter à l'ouvrage *Vauban* par Michèle VIROL (Editions Champ Vallon 2003)

[4] Expert de la poliorcétique, c'est-à-dire de la technique du siège des places fortes

[5] De très beaux exemples subsistent, notamment la place forte de Neuf-Brisach (département du Haut-Rhin)

[6] On doit distinguer les pirates qui sont des bandits et traités comme tels et les corsaires qui font un travail « légal » au nom du Roi ce qui signifie qu'ils sont, en cas de capture par l'ennemi, considérés comme des prisonniers de guerre.

La résistance acharnée des « poilus » de la Grande guerre est bien la preuve d'une volonté inébranlable de l'État et de ses serviteurs de ne pas céder devant les menaces extérieures. Dans l'entre-deux-guerres, la construction de la ligne Maginot, véritable « ceinture de fer », reste le symbole de cette fonction essentielle de l'État : garantir l'intégrité et la sécurité du territoire national contre une menace extérieure ou intérieure.

Mais avec la fin de la seconde guerre mondiale puis l'effondrement de l'empire soviétique en 1990, la menace directe d'une invasion en France s'est estompée. La fonction de défense (assurée et organisée par le ministère de la défense) a très naturellement évolué. Les armées (Air, Terre, Mer) ont élargi leurs fonctions.

Depuis les attentats du 11 Septembre 2001 à New York, ceux de Londres ou encore de Madrid, la fonction de défense s'oriente vers la lutte contre le terrorisme. Ces attaques ont montré en effet les nouveaux modes d'action du terrorisme et la vulnérabilité des pays pourtant puissants.

Les missions des armées sont aujourd'hui très variées :

■ Les armées sont chargées de la lutte contre le terrorisme. Elle s'oriente autour de trois axes :

- **Prévenir la menace** : par le renseignement, la lutte contre l'acquisition par des groupes terroristes d'armes de destruction massive, de technologies sensibles
- **Protéger la nation** : protection de la population (plan Vigipirate), du territoire et des institutions (par exemple : la garde républicaine veille sur les institutions comme l'Elysée, l'Assemblée nationale..).
- **Agir** : dans le cadre d'OPEX (OPérations EXtérieures en Afghanistan, au Kosovo..), en participant aux efforts pour la paix de l'Union européenne dans le cadre de la Politique Européenne de Sécurité et de Défense (PESD) et de l'ONU.

■ L'aide aux services publics :

- Secours en montagne, en mer (plan Polmar, lors du naufrage du Prestige en 2003 par exemple)
- Secours lors d'inondations, (effets du cyclone Erika en nouvelle Calédonie, 2003)
- Lutte contre le feu : Brigade des Sapeurs Pompiers de Paris
- l'**EPIDe** : par une ordonnance du 2 Août 2005, sont crées les Etablissement Public d'Insertion de la Défense. Cette « Ecole de la deuxième chance » dépend du ministère de la Défense et du ministère de l'emploi. Ces centres accueillent les jeunes gens qui répondent aux critères suivants : être volontaire, avoir entre 18 et 21 ans, être sans qualification ni emploi, être en situation de retard ou de difficulté sur le plan scolaire, être en règle avec la journée d'appel de préparation à la Défense (JAPD), être apte médicalement. Les stagiaires sont pris en charge par les établissements (nourris, logés, ils disposent aussi d'une couverture sociale), obtiennent une allocation mensuelle de 300 € (140 versés mensuellement et 160 qui sont capitalisés et remis à la fin de la formation).

1.2. La fonction de justice : une fonction régalienne particulière

En effet, elle est administrée par le ministère, nommé aussi Chancellerie, dont le titulaire est le garde des sceaux : il s'agit donc de l'État.

En outre, il faut noter, qu'à la différence des autres fonctions de l'État, la justice ne correspond pas à un pouvoir de l'État.

En effet, le juge, inamovible, ne fait qu'appliquer la loi et ne l'interprète pas.

Le ministre n'a pas de pouvoir direct sur les juges. À l'inverse, ceux-ci n'ont guère de moyens de s'immiscer dans les affaires du pouvoir exécutif.

Quelques repères :

Jusqu'à la Révolution française, la justice émane du Roi (elle succède d'ailleurs à une justice féodale, au régime de la vénalité des charges[1]). Lors du sacre à Reims, le Roi reçoit « la main de la justice »[2].

La Révolution marque une grande rupture :

En effet, la loi du 4 Août 1789 abolit les privilèges de juridiction, met fin aux juridictions seigneuriales, aux Parlements ce qui signifie que la justice doit être rendue par des magistrats nommés par l'État mais qui sont indépendants du pouvoir politique.

Dans **la déclaration des Droits de l'homme** et du citoyen du 26 Août 1789, **l'article 16** précise que : *« Toute Société dans laquelle la garantie des Droits n'est pas assurée, ni la* ***séparation des Pouvoirs*** *déterminée, n'a point de Constitution »* : c'est le fameux principe de séparation des pouvoirs exécutif, judiciaire et législatif.

Enfin signalons les lois de 1790 qui déterminèrent les grands principes, toujours actuels en France[3] :

- Une séparation entre l'ordre judicaire et l'ordre administratif ;
- L'égalité devant la justice et celui de la gratuité ;
- Le droit de faire appel ;
- La professionnalisation des magistrats,
- Un jury populaire en matière criminelle.
- L'État ne peut concéder la fonction de justice
- La justice est un service rendu au nom du peuple français
- Elle est la gardienne des libertés, de l'État de droit
- Elle veille à l'application de la loi
- Nul ne peut se faire justice lui-même
- Elle est chargée de sanctionner les comportements interdits par les lois

1.3. La fonction de Police :

Le mot police vient du latin *politia* et en réalité du grec ancien *politeia* ce qui signifiait l'art de gouverner la cité. Aujourd'hui, le mot police correspond essentiellement à la fonction de maintien de l'ordre public.

---

[1] La charge de justice, à l'instar du recouvrement des impôts, se monnayait.
[2] Cet insigne, une des « regalia », indique que le Roi peut rendre justice.
[3]Extrait de la page d'accueil du ministère de la justice sur le site internet: http://www.justice.gouv.fr

Si le mot est ancien, la fonction l'est aussi mais avec une organisation bien différente de celle que nous connaissons aujourd'hui.

L'organisation de la police est le résultat d'un long processus. À partir du XVIIe siècle, fut institué le principe d'un « lieutenant de police » assisté par des inspecteurs. L'initiative en revient à Colbert : il s'agit de créer un pouvoir autonome, éloigné de toute pression, capable de veiller au bon fonctionnement de la cité.

L'éventail des rôles est large : il doit veiller naturellement à la sûreté, à la lutte contre la criminalité, aux bonnes mœurs..). Ces principes, appliqués dans un premier temps à Paris, furent ensuite élargis aux grandes villes de province.

Avec la Révolution, c'est le Maire qui assura cette fonction de police. À partir de 1790, la police est réorganisée avec la création des postes de commissaires.

L'article n°2 de la Déclaration des droits de l'homme évoque la nécessité d'une police : *« le but de toute association est la conservation des droits naturels et imprescriptibles de l'Homme. Ces droits sont la liberté, la propriété,* ***la sûreté****, et la résistance à l'oppression ».*

L'article n°12 indique encore : *« la garantie des droits de l'homme et du Citoyen nécessite* ***une force publique :*** *cette force est donc instituée pour l'avantage de tous, et non pour l'utilité particulière de ceux auxquels elle est confiée ».*

La conquête du pouvoir par Napoléon le 18 brumaire an VIII (9 Novembre 1799) aboutit à la naissance d'une police puissante, réformée : Joseph Fouché (1759-1820), ministre de la police, en fut d'ailleurs l'artisan zélé.

L'organisation peut se résumer ainsi :

- Nomination d'un Préfet de police à Paris
- Nomination de commissaires dans les villes de plus de 5000 habitants
- La gendarmerie est chargée de la fonction de police en milieu rural

Depuis cette époque impériale, les remaniements furent nombreux. Parmi les faits majeurs[1] signalons tout de même la création d'une vraie école de police nationale en 1941 à Saint-Cyr-au Mont d'or. Depuis 1966, les policiers, (hommes ou femmes) sont tous des fonctionnaires, recrutés par concours.

1.4. La fonction d'émission de la monnaie :

Avant de se pencher sur cette fonction, il convient de donner quelques repères concernant cet obscur objet qu'est la monnaie.

La monnaie est un moyen de faciliter des échanges en évitant le troc. En effet, supposons **n** biens. Dans une situation de troc, il faut d'abord qu'un agent souhaite échanger son bien A contre des biens B détenus par un autre agent.

Il faut, simultanément, que le détenteur des biens B souhaite aussi obtenir des biens A : c'est donc l'hypothèse de demandes réciproques.

---

[1] C'est en 1907 que naissent les fameuses « brigades du Tigre » composés d'officiers de police judiciaire chargés de seconder l'autorité judiciaire face à une criminalité en hausse.

Il convient alors déterminer à chaque fois un rapport d'échange ce que l'on appelle aussi prix relatif (nombre d'unités de toile contre une unité de vin par exemple).

En supposant tous les échanges possibles, le nombre de prix relatifs à déterminer correspond alors au nombre de combinaisons de 2 éléments parmi n :

$$C_n^2 = \frac{n!}{(n-2)!.2} \Rightarrow C_n^2 = \frac{n(n-1)(n-2)!}{(n-2)!.2} \Rightarrow C_n^2 = \frac{n(n-1)}{2}$$

Par exemple, pour n = 10 (biens), il faut déjà établir (10.9)/2 = 45 prix.

En choisissant, un bien comme monnaie parmi **n biens**, on diminue très sensiblement le nombre de prix à fixer : **n-1.** Pour n =10, le nombre de prix n'est plus que de 9. En outre, on évite les problèmes de stockage des biens obtenus dans l'échange.

Les biens choisis comme monnaies ont pu être, dans la plus haute Antiquité, des coquillages, du sel, ou tous autres biens acceptés par tous. Mais, ce sont les métaux précieux (or, argent) qui s'imposèrent rapidement.

Ces métaux peuvent en effet remplir les trois fonctions d'une monnaie :

- Instrument d'échange (capacité à permettre l'échange) : l'or, par exemple, a toujours été accepté par tous (1) notamment parce que sa production est faible et parce que l'or a toujours servi dans la décoration, les bijoux. Cette qualité a donc permis l'échange pendant des millénaires.
- Unité de compte (capacité à mesurer la valeur des biens et services) : l'or est aussi infiniment divisible ce qui donne la possibilité de mesurer toutes les valeurs.
- Réserve de valeur (capacité à conserver un pouvoir d'achat) : l'or est inaltérable ce qui induit une parfaite capacité à conserver la valeur.

Remarquons enfin que les Rois, Empereurs ont compris, dès l'Antiquité, l'importance d'attacher leur nom à la monnaie « métallique ».

En effet, en frappant la monnaie de leur sceau, ils ont assis leur pouvoir sur les peuples[1] En même temps, ils ont donné un gage de confiance aux utilisateurs.

Mais cette forme métallique de la monnaie présentait cependant certains inconvénients :

- Risque de vol lors des voyages
- Risque de fraude (poids d'or non conforme à la valeur nominale, monnaie « fourrée »).
- Quantité insuffisante pour répondre aux besoins économiques.

À cet âge métallique, succède à la fin du Moyen-Âge[2] (sans qu'il y ait pour autant de vraie rupture) un âge fiduciaire : Il s'agit de la naissance des billets (mais aussi de la

---

[1] On ne peut qu'inviter le lecteur à se rendre chez des numismates pour admirer des monnaies anciennes. On peut aussi consulter de nombreux sites internet consacrés à ce domaine ou visiter l'hôtel des monnaies à Paris 11, quai Conti Paris 6e

[2] Les négociants qui se rencontrent lors des foires de Champagne paient les achats avec des lettres de change, ancêtres des billets.

monnaie divisionnaire en alliage). Le billet n'a guère de valeur intrinsèque : c'est un simple morceau de papier qui est en fait **une créance sur la banque qui l'émet**.

Après les expériences malheureuses de la banque de LAW et celle des Assignats lors de la Révolution, Napoléon donna (en 1800) à la Banque de France un statut de banque privée chargée de l'émission de la monnaie mais soumise au contrôle de l'État.

Les billets étaient alors convertibles en or[1], la signature apposée sur le billet attestait de ce pouvoir. On indiquait aussi que « la loi punit de mort le contrefacteur, la Nation récompense le dénonciateur».[2]

Cette nécessité de confiance justifie totalement le fait que même de nos jours, on mette en garde les faussaires comme le prouvent par exemple les billets « Nouveaux Francs », série Richelieu, de 1960 « **l'article 139.... punit des travaux forcés**... »

Billet de banque

Cette mention peut surprendre par la dureté de la peine envisagée pour les fraudeurs, mais il faut bien comprendre que le billet n'a de vrai **pouvoir libératoire**[3] que si la confiance est totale.

Depuis le début du XXe siècle, la monnaie est largement dématérialisée puisque la création est essentiellement réalisée à l'occasion des crédits accordés par les banques de second rang (banques commerciales) : il s'agit de la monnaie scripturale.

Ainsi, la fonction de la banque de France, sous le **contrôle de l'État**, a été de **contrôler l'augmentation de la masse monétaire** scripturale grâce à plusieurs moyens d'interventions :

- Taux de réserve obligatoire

---

[1] Il s'agit du principe de l'étalon or

[2] Il s'agit de l'Article 139 du code pénal, notifié sur les billets. La peine est moins sévère aujourd'hui.

[3] Pouvoir libératoire: pouvoir de se libérer d'une dette grâce au billet de banque.

- Taux de réescompte
- Politique d'open market
- Encadrement du crédit

Les objectifs étant à la fois de soutenir la croissance, d'éviter les dérapages inflationnistes et la défense du taux de change.

Mais depuis 1994, la Banque de France est devenue indépendante[1]. En outre, l'émission de monnaie, dans le cadre du passage à l'€ (effectif depuis 1999), relève des fonctions de la Banque Centrale Européenne.

Cette vieille fonction régalienne a donc été abandonnée. L'État français ne peut plus guère peser sur l'émission monétaire (c'est une perte de souveraineté) et d'une façon plus large sur la politique monétaire.

Concluons en remarquant que ces fonctions régaliennes, qui nous apparaissent tellement naturelles aujourd'hui, sont en réalité fondamentales : elles sont à la fois la garantie des droits de l'Homme mais aussi la condition nécessaire à la prospérité.

En s'attachant au domaine économique, force est de constater que la solidité, l'organisation des fonctions régaliennes facilitent la croissance, les échanges entre les principaux acteurs :

- En effet, nous avons signalé plus haut que placer les OAT (situation où le budget de l'État présente un déficit) est particulièrement facile pour l'Agence France Trésor parce que la France jouit de la confiance de tous les acteurs économiques nationaux et internationaux.
- De la même façon, les entrepreneurs ne peuvent envisager de prendre des risques financiers qu'avec la certitude de pouvoir conserver les éventuels profits, de voir les contrats garantis par une justice impartiale.
- Enfin, seuls des citoyens protégés par un État de droit peuvent consentir des efforts, chercher à s'enrichir par leur travail et contribuer ainsi à la croissance.

Cela n'est en réalité possible que parce l'État, acteur impartial, est capable d'assurer correctement ces fonctions « régaliennes ».

2. Des fonctions économiques[2] :

L'intervention de l'État dans l'économie est une vieille pratique comme en témoigne le mercantilisme français. Néanmoins, il est indéniable que le mouvement s'est amplifié au XXe siècle.

Ces fonctions économiques sont sans doute les plus médiatisées aujourd'hui.

---

[1] Loi du 4 Août 1993

[2] On reprend ici la distinction faite par Richard Musgrave (1910-2007) in *Théorie des finances publiques* 1959

On attend de l'État qu'il produise des biens, services publics, mais qu'il régule aussi l'économie afin de :

- Favoriser la croissance
- Eviter des déséquilibres comme le chômage, l'inflation ou les déséquilibres des comptes extérieurs (balance des paiements).

Les fonctions économiques passent par :

2.1. Produire des biens publics :

On peut définir ceux-ci par certaines caractéristiques :

- Principe de non rivalité : il y a indivisibilité d'usage. Ainsi, le fait d'être soigné à l'hôpital n'a pas d'effet sur la qualité des soins pour les autres patients (les patients ne sont pas en concurrence !)
- Principe de non-exclusion : il n'est pas possible d'exclure des usagers. Par exemple, scolariser son enfant n'empêche pas les autres familles d'en faire autant.

Lorsque ces deux conditions sont parfaitement remplies, on parle de bien public « pur ».

En retenant ces critères, on peut classer les biens :

	Rivalité	Absence de rivalité
Exclusivité	Biens privés Ex : voiture achetée par un particulier	Biens réservés aux membres d'un groupe après paiement d'un droit Ex : accès à un parcours de golf
Absence d'exclusivité	Bien public impur Ex : route	Bien public « pur » Ex : Education nationale

La production de biens publics (transport ferroviaire; distribution de gaz, électricité, éducation…) se justifie lorsque le marché se révèle défaillant (*market failure*), c'est-à-dire :

- **Que certains biens ne sont pas présents ou en quantité suffisante :** on peut prendre l'exemple de l'Education Nationale. En effet, en l'absence de prise en charge par l'État (ce qui n'exclut pas l'existence d'un secteur privé), la production serait sous optimale c'est-à-dire inférieure aux besoins, avec la présence de « free riders ». Seul, l'État peut produire par sa capacité à prélever des impôts.

- **Que certains biens sont vendus à un prix trop élevé par un monopole** (naturel)[1] : il s'agit de la situation du marché où un seul producteur existe parce que les rendements sont croissants (le coût moyen est toujours décroissant :on réalise des économies d'échelle) :

On peut représenter la situation d'un monopole naturel ainsi :

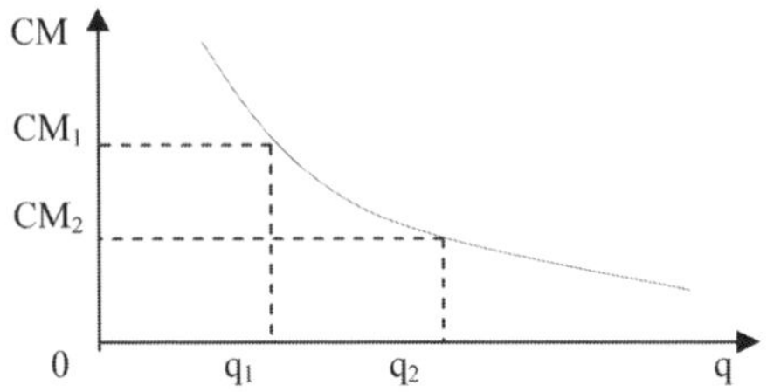

Légende : q : quantité
CM : Coût Moyen = Coût total / quantité
$q_2 = 2.\ q_1$

Si la quantité, q_2, est fabriquée par une seule entreprise, alors le coût total est : $q_2.(CM_2)$

Si la quantité, q_2, est fabriquée par deux entreprises (chacune produit alors q_1 puisque $q_2 = 2.q_1$), alors, le Coût Total sera : $q_1.(CM_1) + q_1.(CM_1) = 2q_1.(CM_1)$ ou encore $q_2.(CM_1)$.

Comme $q_2.(CM1) > q_2.(CM_2)$, on en déduit qu'il est tout à fait logique qu'une seule entreprise produise le bien.

Prenons l'exemple de l'entreprise RFF (Réseau Ferré de France) : jusqu'en 1997, la SNCF gérait le réseau et le trafic ferroviaires.

Depuis cette date, les infrastructures (rails, terrains) ont été confiées à « Réseau Ferré de France (RFF)[2] » qui est donc en situation de monopole. On imagine mal une autre entreprise qui créerait un deuxième réseau ferré parallèle tout en étant rentable !

EDF-GDF (créés en 1946) est un autre exemple de monopole dans les mains de l'État. En effet, ces entreprises ont eu pendant une cinquantaine d'années le monopole de la distribution d'électricité et de gaz vis-à-vis des particuliers. Une des contraintes d'EDF-GDF fut de pratiquer des prix plutôt faibles[3], inférieurs à ceux qu'une situation de monopole peut permettre.

En effet, la microéconomie nous apprend que l'entreprise maximise son profit pour une quantité (q), qui est telle que : la Recette marginale (Rm) soit égale au Coût marginal (Cm).

---

1 Le préambule de la constitution de la IVe République (1946) précise dans l'article n°9: *« Tout bien, toute entreprise, dont l'exploitation a ou acquiert les caractères d'un service public national ou d'un monopole de fait, doit devenir la propriété de la collectivité »*

2 RFF est un Etablissement Public à Caractère Industriel et Commercial (EPIC).

3 Depuis 2007, ce monopole a disparu.

Remarque : la Recette marginale est égale au surcroît de recette totale pour une unité vendue en plus. De la même façon, le Coût marginal est égal au surcroît de coût total pour une unité produite en plus.

Dans ce cas, la courbe d'Offre du marché est celle de l'Offreur (partie croissante de Cm au dessus du minimum du CM). La courbe de Demande est celle qui s'adresse à l'Offreur (c'est la fonction de Recette Moyenne RM).

Celui-ci peut agir non seulement sur la quantité mais aussi sur le prix. A ce titre, on évoque souvent l'idée d'un **"malthusianisme économique"** de la part de l'Offreur.

Le schéma suivant nous permettra de mettre ce phénomène en évidence.

Lecture :

L'Offreur maximise son profit en déterminant une quantité (q_1) telle que Cm = Rm. Cette quantité q_1 peut être écoulée au prix p_1 (on remplace q_1 dans la fonction de demande :RM).

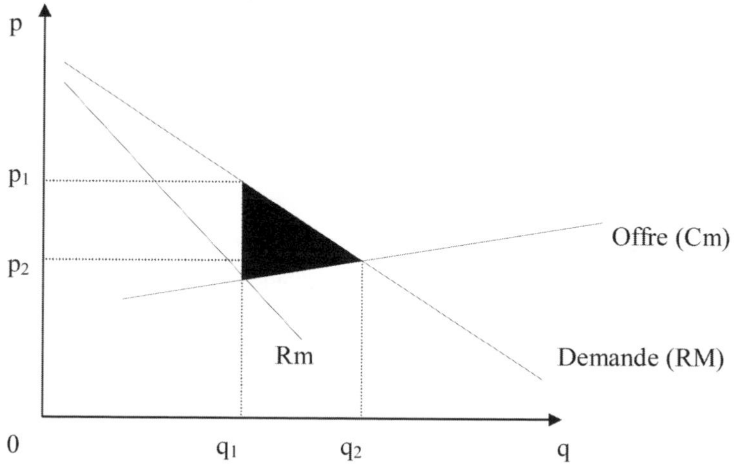

On constate qu'en proposant un tarif égal au coût marginal (ici p_2), le monopole peut écouler une quantité plus importante q_2, tout en conservant une situation ou une unité vendue en plus rapporte autant (Rm) que ce qu'elle coûte (Cm).

Il est clair qu'avec un tel principe, le monopole ne maximise plus le profit mais permet à un public plus large d'accéder à ce bien (c'est le sens des missions de l'État).

Remarque : la zone noire du graphique correspond à la perte de surplus collectif (synonyme bien-être) lorsque le prix est fixé à p_2 : il s'agit du **triangle d'Harberger**[1]

- **Ou parce qu'il existe des externalités :**

[1] L'économiste américain Arnold HARBERGER (1924 -) a montré que le manque d'efficience dans la répartition des ressources, résultat d'une limitation de la production, peut être représenté par un triangle dont la surface représente la perte de bien-être collectif.

Définition : on parle d'externalités dans les situations où les décisions de consommation, de production d'un agent affectent directement la satisfaction des autres agents sans que le marché puisse faire payer ou rétribuer le responsable.

Les externalités sont des défaillances du marché puisque le système des prix ne conduit pas les agents vers des situations optimales.

Typologie :

	Economies externes...	Déséconomies externes....
....de Production	Exemple[1] du producteur de pommes qui plante de nouveaux pommiers : cela induit une augmentation de la floraison pour les abeilles de l'apiculteur voisin : la production de miel augmente à son tour (sans que l'apiculteur verse une rétribution au producteur de pommes)	Exemple des sociétés de transport aérien qui dégradent le confort des riverains des aéroports par le bruit et la pollution lors des décollages sans qu'il y ait de compensation pécuniaire
...de Consommation	Exemple du consommateur qui décide de faire repeindre la façade de sa maison. Il améliore ainsi sa satisfaction (utilité) ainsi que celle de ses voisins qui ont le bonheur de voir une maison plus jolie mais sans pour autant participer aux frais de peinture.	Exemple du consommateur qui utilise sa voiture pour se déplacer. En agissant ainsi, il améliore certes sa satisfaction (c'est plus rapide et nettement plus agréable que les transports en commun) mais génère des désagréments pour les autres consommateurs (pollution, encombrements)

Compte tenu de l'existence de ces externalités, l'État est alors l'agent tout désigné pour intervenir. Le problème réside bien évidemment dans le cas des déséconomies externes (pollution liée à la production ou à la consommation).

La solution réside pour l'économiste PIGOU[2] dans une taxe dont la justification tient dans l'expression du « pollueur-payeur ».

Il s'agit de faire payer une taxe («**taxe Pigouvienne** ») au pollueur afin qu'il intègre le coût de la pollution dans les coûts de l'entreprise.

En effet, la production de l'entreprise polluante génère un **coût social** (lié aux désagréments) supérieur aux **coûts de production**.

Cette idée est aujourd'hui reprise en France à travers la surtaxe (depuis 2006) concernant les véhicules les plus polluants : lorsque le taux d'émission de dioxyde de carbone est supérieur à 200gr/km, il faut s'acquitter d'une surtaxe de 2€/gr et de 4€ au-delà de 250gr/km. Cela signifie une surtaxe, lors de l'obtention de la carte grise, d'environ 600€ pour les 4x4 européens les plus puissants.

---

[1] Exemple célèbre proposé par l'économiste anglais James MEADE (1907-1995), professeur à Cambridge.

[2] On doit à l'économiste anglais Cecil PIGOU (1877-1959) la réflexion sur le moyen d'intégrer les externalités

2.2. Stabiliser l'économie :

L'histoire économique montre facilement que nos économies atteignent rarement des situations d'équilibres internes et externes. Ces situations sont souvent représentées dans le « carré magique » de Kaldor[1].

Puisque les marchés (biens et services, travail et capitaux) ne s'équilibrent pas spontanément, **l'intervention de l'État peut alors se justifier s'il peut réduire l'amplitude des cycles de l'activité :** éviter des crises profondes mais aussi la surchauffe de l'économie.

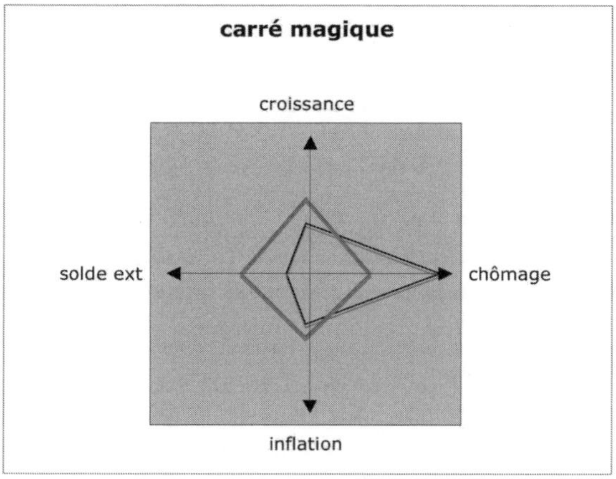

Légende :

Le carré correspond à une croissance forte (>4%), un taux de chômage faible (2%), une inflation bien maîtrisée (<2%) et un solde des transactions courantes en % du PIB positif (>2%).

À titre de comparaison, nous avons représenté (de façon très approximative) les résultats de l'année 2007.

a) La croissance économique n'est pas un phénomène régulier

On peut, pour s'en convaincre reprendre les études de L.A. Vincent reprises dans l'ouvrage *La croissance française* par CARRE, DUBOIS & MALINVAUD :

Taux annuels en % en France :

Périodes	Taux de croissance annuel
1896-1913	+1,8%
1913-1929	+1,5%
1929-1938	-0,3%
1938-1949	+1,1%
1949-1963	+4,6%

---

[1] Nicholas KALDOR (1908-1986) ,économiste keynésien de « l'école de Cambridge »

Pour la période récente, l'évolution du taux de croissance est tout aussi instable :

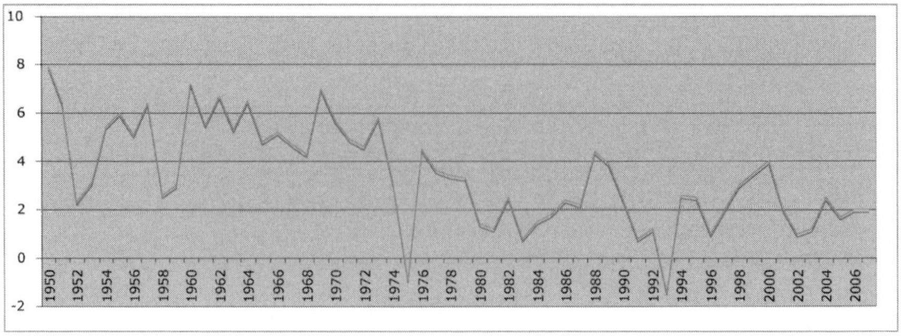

Sources : à partir des données de l'Insee et de l'OCDE

Cette irrégularité de la croissance a des conséquences fâcheuses :

- En matière budgétaire : nous avons vu dans le chapitre précédent que les recettes fiscales sont étroitement liées à la croissance, or le budget applicable pour l'année « t » se prépare en « t-1 ». De fait, il est bien difficile de faire de la prévision budgétaire avec une grande fiabilité.
- En termes d'emplois : la croissance a un impact fort sur le niveau d'emplois et de fait sur le taux de chômage. Dans le graphique suivant, nous avons fait apparaître à la fois les taux de croissance et les taux de chômage dans la période 1950-2007 :

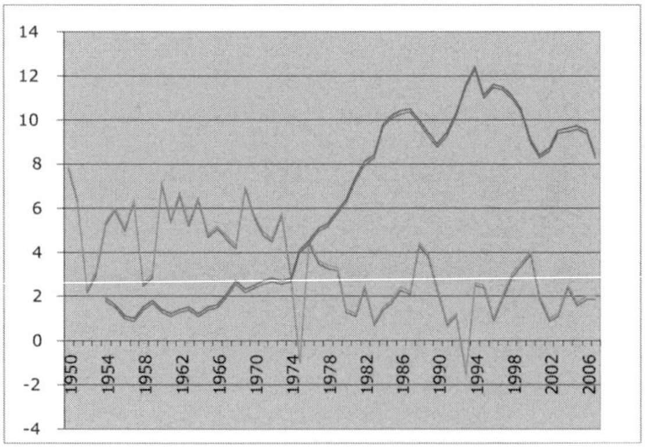

Sources : d'après les statiques de l'INSEE et d'EUROSTAT

Lecture : la progression tendancielle du taux de chômage correspond[1] assez bien au tassement de la croissance depuis les années 70. On peut noter par exemple que le taux

[1] Concernant les causes du chômage, le débat reste vif entre les partisans d'une analyse plutôt néoclassique (on insiste alors sur les rigidités du marché du travail) et les tenants de la logique keynésienne (où la situation du marché du travail dépendrait surtout de la situation du marché des biens et services).

de chômage fait un bond (>12%) au début des années 90 lorsque la croissance s'évanouit totalement.

b) L'instabilité économique s'observe à travers **l'évolution des prix**

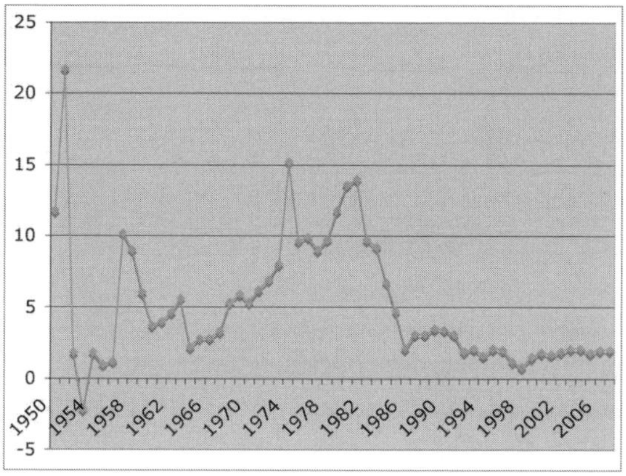

Sources : à partir des données de l'Insee et d'Eurostat

c) Il est difficile aussi de garantir les équilibres externes

Nous présentons ci-dessous le Solde des Transactions Courantes (STC) dans la dernière décennie (en millions d'€) :

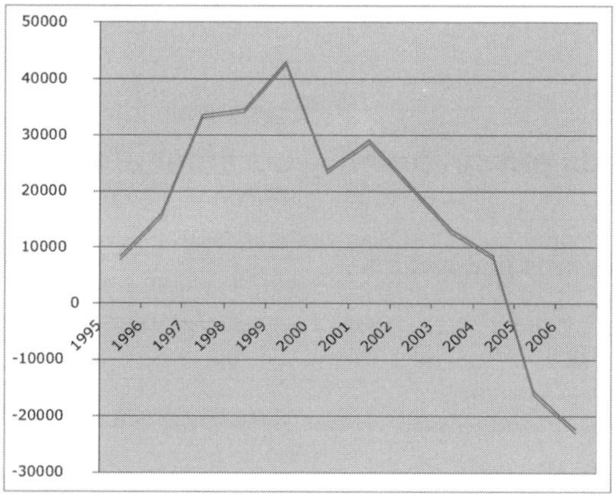

Sources : à partir des données établies par la Banque de France[1]

Lecture :

Ce solde (STC) nous donne une estimation de la capacité (ou besoin) de financement de la Nation).

---

[1] Voir le site de la banque de France: www.banque-france.fr

En effet, en appelant :

Y : le PIB
M : les importations
C : la consommation
I : les investissements
X les exportations
S : l'épargne de la nation

L'équilibre macroéconomique d'ensemble peut s'écrire :

$$Y + M = C + I + X$$

$$\Rightarrow (Y - C) - I = (X - M)$$

$$\text{or } (Y - C) = S$$

$$\text{d'où } (S - I) = (X - M)$$

Cela signifie que la capacité de financement $(S-I)$ est égale au solde des échanges de biens et services $(X-M)$.

Nous venons de voir, à travers ces quelques graphiques, que les déséquilibres internes et externes sont malheureusement récurrents.

De fait, l'État, agent impartial, au service de l'ensemble de la Nation, est naturellement désigné pour réduire les fluctuations de l'économie

On doit cette justification du rôle «économique » à John Maynard KEYNES[1]. Nous verrons dans les chapitres suivants les moyens mis en œuvre par les États pour réduire les déséquilibres.

3. La fonction de redistribution : vers l'État providence

3.1. Quelques repères historiques :

Avec l'abrogation des « *poor laws*[1] » en 1834, la Grande-Bretagne entra dans ce que Karl POLANYI[2] appela la « paix de 100 ans », c'est-à-dire un siècle où l'économique et le social se séparèrent nettement.

[1] L'Anglais John Maynard KEYNES (1883-1946) a influencé la plupart des gouvernements à la fin de la seconde guerre mondiale. Dans l'ouvrage célèbre *Théorie générale de l'emploi, de l'intérêt et de la monnaie* (1936), il révolutionne la pensée économique en réfutant d'abord les postulats de l'économie classique (Chapitre II) en proposant une approche macroéconomique qui met en relief le rôle de la prévision dans la détermination du volume de la production et de l'emploi (Chapitre V).
Il montre ainsi que l'économie d'une nation peut être en équilibre de sous emploi. Mais la rupture ne se limite pas à cela, Keynes élabore une nouvelle théorie du taux d'intérêt. Celui-ci n'est plus le prix du marché des fonds prêtables mais le prix du renoncement à la liquidité (chapitre XIV).
Si John Maynard Keynes est sans doute un des économistes les plus célèbres du XXe siècle (ce fut d'ailleurs l'avis de Cécil PIGOU, son professeur), n'oublions pas qu'il fut aussi un mathématicien et un haut fonctionnaire (il proposa d'ailleurs un plan particulièrement novateur de reconstruction du Système Monétaire International lors de la conférence de Bretton Woods en 1944).

Le siècle de la révolution industrielle est en effet marqué par l'idée du marché autorégulateur. Les idées de SMITH sont alors à l'honneur, le principe de « la main invisible » semble incontournable.

D'ailleurs, les industries en plein essor ont besoin d'une main-d'œuvre mobile, flexible et peu coûteuse. Dans cette période, les inégalités de revenus ont, indéniablement, augmenté.

Cette situation fut d'ailleurs décrite par Simon KUZNETS[3] : l'augmentation du revenu par tête serait fonction du degré d'inégalité dans la répartition des richesses (mesurable par le coefficient de GINI). Graphiquement, on obtient :

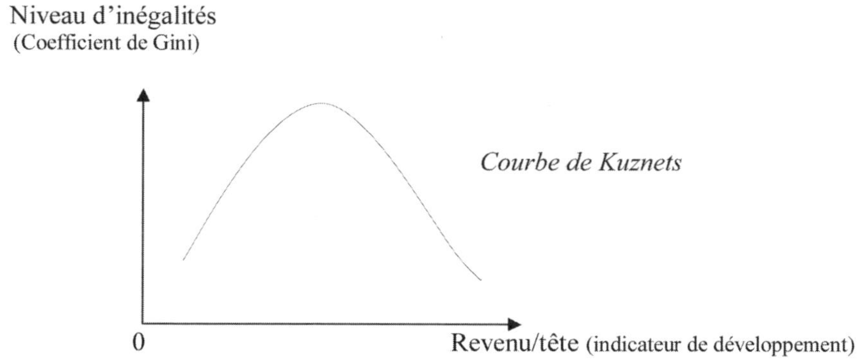

Lecture :

Dans une première phase de développement (le pays est encore pauvre), la croissance s'accompagne d'une augmentation des inégalités.

Progressivement, le développement se traduit par une réduction finalement **naturelle** de celles-ci. Le caractère « naturel » de la réduction des inégalités est aujourd'hui controversé, notamment par Thomas PIKETTY[4] : l'inégalité des **salaires** serait restée stable tout au long du XXe siècle par contre celle des **revenus**[5] aurait nettement diminué dans la période 1914-1945 du fait des destructions liées à la Grande Guerre, de

---

[1] La Grande-Bretagne avait instauré à partir de 1601 une « poor law » visant à venir en aide aux indigents. Elle fut complétée ensuite par l'acte du Parlement de Speenhamland en 1795. Ces lois sur les pauvres obligeaient les paroisses à verser ce que nous qualifierions aujourd'hui de revenu minimum.

[2] Karl POLANYI (1886-1964), d'origine hongroise est devenu célèbre avec la parution de l'ouvrage intitulé *La grande transformation* (1944): Il constate de désencastrement de l'économique du social des années 1840 aux années 1940. Il invite alors les États à réencastrer « le social dans l'économique ».

[3] Simon KUZNETS (1901-1985), né en Russie, Professeur d'Economie aux USA, prix Nobel en 1971. C'est dans un texte (issu d'une conférence) publié en 1955 et intitulé *Economic Growth and Income Inequality*, que le lien entre inégalités de revenus et développement est démontré.

[4] Thomas PIKETTY (1971-), économiste français, auteur de l'ouvrage intitulé *Les hauts revenus en France au XX siècle, inégalités et redistributions (1901-1998)*Grasset 2001.

[5] Si pour les classes populaires et moyennes, les revenus se composent essentiellement du salaire, remarquons que les Français les plus riches obtiennent surtout des revenus du capital (dividendes, intérêts, loyers, fermages..)

l'inflation dans les années 1920 et de la crise des années 1930. En d'autres termes, c'est la fin des rentiers.

En outre, la mise en place d'impôts sur les revenus progressifs (voir chapitre précédent) a empêché la reconstitution des très grandes fortunes dans les Trente glorieuses. Ainsi, loin d'être inéluctable, la réduction des inégalités est le fruit des chocs (guerres) et de l'action de l'État (impôts).

Enfin, Thomas PICKETTY note que l'interprétation de Simon Kuznets (début des années 50) correspondait aussi à un contexte de guerre froide où il convenait de justifier l'idée que les inégalités étaient vouées à se réduire (nul besoin de croire alors aux sirènes du communisme).

Avec la fin de la seconde guerre mondiale, c'est aussi la fin de la « paix de 100 ans ». En effet, le rapport Beveridge en Grande-Bretagne, l'influence du Conseil National de la Résistance (CNR) et la présence de communistes dans le Gouvernement provisoire de la République (sous la direction du général de Gaulle) auront été autant de facteurs d'un réencastrement de l'économique dans le social.

L'État a pris tout son rôle dans cette fonction de justice sociale, de redistribution. Cela mérite cependant que l'on se penche sur la justification d'une telle fonction.

3.2. Établir une fonction de choix collectif :

Cette fonction correspond au principe de la **justice redistributive** (à chacun selon ses besoins) qu'il faut distinguer de la **justice commutative** (à chacun selon sa participation, ses efforts).

La nécessité d'une justice sociale peut se comprendre en considérant que **l'optimum de PARETO**[1] ne peut pas être confondu avec l'optimum de bien-être :

- On atteint un optimum de Pareto si l'augmentation du bien être de certains individus implique la réduction du bien-être d'au moins un autre individu. Mais, il existe une infinité de situations possibles qui peuvent correspondre à cette condition. Ainsi, obtenir l'équilibre général des marchés n'est pas synonyme d'optimum de bien être général.
- Parler d'optimum de bien être nous conduit à construire le bien être général (W) comme une fonction des utilités (satisfaction) individuelles (U_i). Il est possible alors de formaliser le problème ainsi[2] :

Soit α_i, un coefficient qui mesure le poids que l'on veut accorder à la satisfaction du consommateur *i*

Soit U_i, la fonction d'Utilité du consommateur *i* parmi n consommateurs

$$\text{Soit } W = \sum_{1}^{n} \alpha_i U_i$$

Viser l'optimum de bien être social correspond alors à maximiser cette fonction W.

---

[1] Vilfredo PARETO (1848-1923), économiste et sociologue italien, professeur à Lausanne, auteur d'un *Traité d'économie politique* (1906) et d'un *Traité de sociologie générale* (1917). Il fut un des fondateur de la microéconomie, il a montré l'avantage de la classification (ordinale) par rapport à la quantification (cardinale) dans la description des choix des agents d'où la notion de courbes d'indifférence.

[2] Voir note 38 concernant John Charles Harsanyi.

L'État peut, ainsi, devenir un « planificateur social » ce qui ne signifie pas d'ailleurs l'absence d'inégalités. En redistribuant les richesses, l'État réduit certaines inégalités, mais conduit à des **choix collectifs contestables.**

Pour montrer la difficulté d'établir **« une fonction de choix social »**, il est nécessaire de rappeler le **paradoxe de CONDORCET**[1] et le **théorème d'impossibilité d'ARROW**[2] :

Dans *Essai sur l'application de l'analyse à la probabilité des décisions rendues à la pluralité des voix* (1785), Condorcet met en évidence le fait que le vote à la pluralité peut très bien ne pas représenter les vrais désirs des électeurs. Cela signifie que le choix démocratique ne repose pas forcément sur la rationalité individuelle.

Pour comprendre ce phénomène, construisons à partir du texte de Condorcet, un exemple simple :

Supposons trois candidats à une élection : **L**ouis D., **C**harles B., **E**mile M. et 60 électeurs.

Ceux-ci indiquent leur ordre de préférence sur le bulletin.

Le dépouillement donne les résultats sont les suivants :

L > C > E : 23 voix
L > E > C : 0 voix
C > L > E : 2 voix
C > E > L : 17 voix
E > L > C : 10 voix
E > C > L : 8 voix

On constate que :

- La proposition « Louis est préférable à Charles » aura une pluralité de 33 voix (23+10) contre 27 (60-33).
- « Emile préférable à Louis » obtient 35 voix (17+10+8) contre 25 (60-35).
- « Charles préférable à Emile » recueille 42 votes (23+2+17) contre 18 (60-42).

Il est clair que les trois propositions ne peuvent être vraies simultanément.

En effet, en prenant au hasard deux propositions parmi les trois, on bute avec la troisième sur une contradiction.

Parce que les préférences ne sont pas transitives, on aboutit à...l'absence de résultat !

En choisissant un mode d'élection ordinaire (vote à un tour), on obtient 23 voix (23+0) pour Louis ; 19 pour Charles (17+2) et 18 pour Emile (10+8).

---

[1] Marie Jean Antoine Nicolas de CARITAT, marquis de CONDORCET (1743-1794) fut à la fois un mathématicien célèbre mais aussi un philosophe et politologue reconnu. On pourra consulter l'ouvrage *Sur les élections* 1782-1794 réédité chez Fayard dans la collection « corpus des œuvres de Philosophie » 1998

[2] Dans l'ouvrage, *Social choice and individual values* (1951), l'économiste américain Kenneth ARROW (1921-...) a généralisé le paradoxe de Condorcet.

De fait, Louis est élu avec finalement une minorité de voix.

On remarque alors qu'il est difficile dans un processus démocratique de passer des préférences individuelles à un choix collectif.

Pour sa part, Kenneth ARROW démontre que passer des préférences individuelles à une fonction de bien être collective (qui serait donc le reflet de l'agrégation des choix individuels) nécessite certaines conditions :

- Les individus sont totalement libres de leurs préférences
- Existence d'un équilibre Pareto-optimal
- Indépendance (au sens probabiliste) des choix
- Personne ne peut modifier les choix des individus

Ces conditions étant très fortes (difficiles à réaliser), Arrow en conclut à la quasi-impossibilité de succès d'où le nom de **« théorème d'impossibilité »**. La seule manière d'établir une fonction de bien-être collective serait alors la décision dictatoriale.

On constate ainsi qu'il est difficile pour un gouvernement d'établir une hiérarchie des mesures économiques et sociales à réaliser qui puisse être conforme aux préférences des électeurs.

Pourtant, on peut imaginer sortir de cette impossibilité[1] en demandant aux électeurs de noter (mesure cardinale) les mesures des programmes des candidats (on quitte alors la mesure ordinale).

Construisons un exemple simple : Les électeurs notent de 0 à 10 les propositions nécessaires des candidats. Les résultats sont :

	Sécurité	Plein emploi	Santé
Marie	5	1	3
Sophie	3	7	2
Bathilde	2	5	3
Louis	8	1	9
Emile	1	6	7
Arthur	0	4	4
Charles	6	2	3
Hubert	3	8	4
Total	28 points	34 points	35 points

[1] On doit cette solution « utilitariste » à l'économiste américain John Charles HARSANYI (1920-2000), prix Nobel d'Economie en 1994. Il a montré que la fonction de bien-être social est égale à la somme pondérée des utilités individuelles sous certaines conditions:
- Si rationalité des préférences individuelles ;
- Si les préférences « éthiques » des individus sont aussi rationnelles i.e. que leurs préférences sont fondées sur des considérations impartiales (ignorance de la position personnelle dans la nouvelle situation choisie) ;
- Si un choix entre plusieurs situations provoque l'indifférence de tous les individus alors la société tout entière est indifférente.

Le programme qui répond alors le mieux aux attentes des électeurs doit être construit sur une hiérarchie des mesures économiques & sociales suivantes :

1. Santé (35pts)
2. Plein emploi (34pts).
3. Sécurité (28pts)

3.3. Choix collectif, justice sociale et inégalités :

Nous avons jusqu'à présent cherché à comprendre comment une fonction de choix social peut se construire en négligeant la question des inégalités existantes ou induites. Pour tenter de résoudre cette question épineuse, il convient de faire référence aux travaux incontournables du philosophe John RAWLS[1].

À la différence des approches précédentes, John RAWLS présente dans *Théorie de la justice* (1971) une analyse **procédurale** de la justice sociale, qui n'est donc pas fondée sur une base de connaissances des préférences des particuliers. Nous présentons les points qui nous paraissent essentiels pour comprendre les résultats célèbres concernant la question des inégalités.

Hypothèses :

- *Le système social choisi influence directement le comportement des individus en déterminant les aspirations, les exigences des agents ;*
- *Les institutions reflètent des choix correspondent à une conception idéale à priori de la personne i.e. que l'on suppose que les individus ont un intérêt pour des biens sociaux premiers*
- *Un système juste doit être stable i.e encourager les agents la vertu de justice des agents. Ils doivent avoir le souhait d'agir en vertu de cette justice.*
- **Il existe un principe de différence** selon Rawls (à travers l'exemple de la répartition des revenus) : Considérons par exemple une société composées de deux classes sociales

Les entrepreneurs ont de bonnes perspectives d'améliorer leur bien-être
Les ouvriers ont peu de perspectives d'améliorer leur bien-être.

Si on diminue les inégalités que se passe-t-il ?

Les différences de perspectives resteront fortes. Cette inégalité n'est acceptable que si elle profite aux ouvriers.

En effet, les perspectives plus larges des entrepreneurs encouragent ceux-ci à produire plus (l'innovation avance plus vite..). Finalement , cela améliore aussi le sort des ouvriers.

Problèmes à résoudre :

- *Comment organiser l'impôt et la propriété ? à quel niveau fixer le minimum social ?*

---

[1] John RAWLS (1921-2002) professeur de philosophie à Harvard, auteur de l'ouvrage *Théorie de la justice* 1971 (Editions du Seuil 1997 collection Points n°354). Le lecteur pourra consulter plus particulièrement la partie Institutions (pp 299-372)

- Comment trouver un système social qui aboutit à une justice distributive de la sorte que, qu'elles que soient les circonstances, la répartition soit juste ?

Esquisse d'un Gouvernement pour une société juste (*fair*) : Rawls imagine 4 « *départments* » (sections en Français) :

- **Section des allocations**[1] (veille à l'existence de prix concurrentiels grâce à des taxes et subventions, il s'agit d'éviter les situations de monopole).
- **Section chargé de la stabilisation** (veille notamment au plein emploi)
- **Section des transferts sociaux** se charge du minimum social. Il veille à la concordance entre salaires et besoins. RAUWLS estime ici que les transferts sociaux sont plus efficaces que la mise en place d'un revenu minimum.
- **Section pour la répartition :** doit préserver une certaine justice dans la répartition grâce à la fiscalité et aux ajustements nécessaires du droit de propriété. Par ex : taxe sur l'héritage afin d'éviter les concentrations de pouvoirs. « l'héritage n'est permis qu'à la condition que les inégalités qui en résultent soient à l'avantage des plus défavorisés et compatibles avec la liberté et la juste égalité des chances. ». Le département de la répartition doit aussi collecter l'impôt pour donner les moyens nécessaires à la justice et à la production des biens publics. Rawls semble préférer une taxe sur la consommation plutôt que sur le revenu car elle s'applique sur les biens que l'individu prélève sur le stock commun. Cependant, il donne comme condition une rétribution équitable du travail.

- Rawls évoque aussi l'**idée d'une 5e Section :** celui de ***l'arbitrage***, distincte des autres avec un budget propre. Son but consisterait à décider si des biens publics supplémentaires se justifient : c'est alors le **critère d'unanimité de Wicksell**[2] qui s'applique. Sinon, la dépense engagée correspond à un gaspillage. (Wicksell présuppose la justice dans la répartition et dans les droits de propriété).

Principes de la justice pour les institutions : il s'agit des résultats les plus célèbres (p 341dans l'édition citée plus haut).

Les inégalités économiques et sociales sont acceptables si elles sont :

a. *« Au plus grand bénéfice des plus désavantagés dans la limite d'un juste principe d'épargne.*

b. *Attachées à des fonctions et à des positions ouvertes à tous, conformément au principe de la juste (fair) égalité des chances.*

c. *Une réduction de la liberté doit renforcer le système total des libertés partagé par tous.*

---

[1] Le terme: « allocations » ne doit pas être confondu avec la notion d'allocation au sens prestations sociales

[2] L'économiste suédois Knut WICKSELL (1851-1926) a défini le critère de l'unanimité ainsi: aucune décision publique ne peut être votée sans qu'il y ait eu auparavant un vote unanime. Appliquée par exemple à la production de bien public supplémentaire, cela signifie qu'aucune dépense supplémentaire ne peut-être prise sans un vote à l'unanimité (problème de la répartition de l'impôt supplémentaire).

d. *Une inégalité des libertés doit être acceptable pour ceux qui ont une liberté moindre.*

e. *Une inégalité des chances doit améliorer les chances de ceux qui en ont le moins ».*

Conclusion : Rawls, par une **méthode déductive**, démontre que les inégalités ne sont pas forcément un mal en soi.

Les inégalités économiques et sociales peuvent ainsi se justifier sous certaines conditions.

NB : nous ne discutons pas pour l'instant de la question du trop ou pas assez d'État. Cela fera l'objet d'un chapitre ultérieur.

Chapitre 4 -
LA POLITIQUE BUDGÉTAIRE

Introduction

Dans le chapitre 2, nous avons présenté le budget de l'État. Ce document, qui récapitule les recettes et les dépenses, présente bien souvent un solde négatif.

En effet, il faut au moins revenir à nos chères « Trente glorieuses » françaises pour trouver un équilibre ou un excédent budgétaire.

Depuis les années 70, nous nous sommes progressivement habitués aux déficits des comptes publics, à l'augmentation continue de la dette.

Les graphiques suivants montrent une situation à priori accablante :

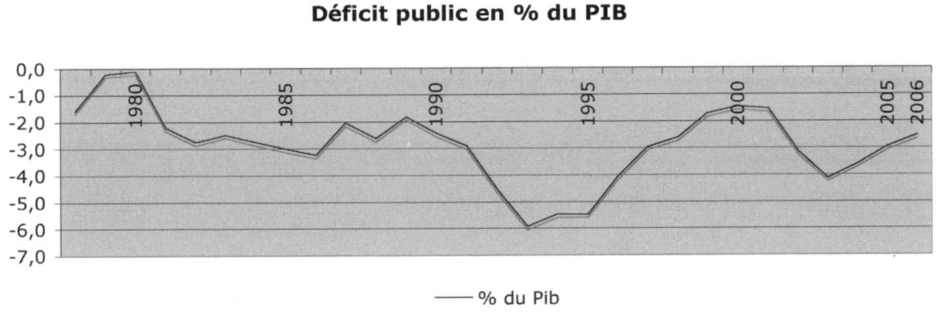

Données de l'Insee

Ces déficits publics (administrations centrales, collectivités locales et sécurité sociales) importants et récurrents depuis 30 ans ont évidemment alourdi la dette de l'État français.

Dette publique en % du Pib

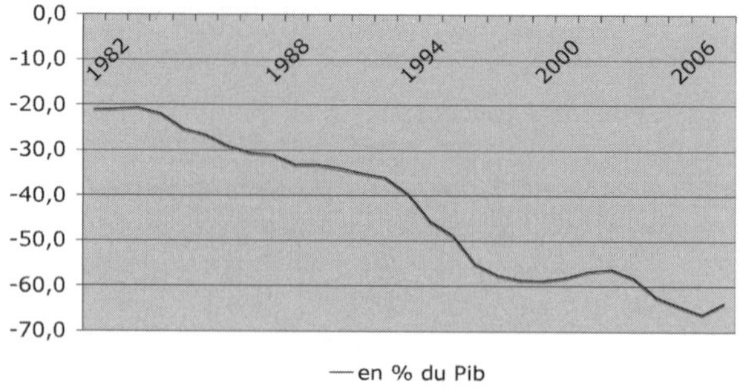

Données de l'Insee

Ainsi, en 2007 le **déficit** de l'État est évalué **à 42 milliards d'€** et la part du budget consacrée au remboursement de la dette est de 40,9 milliard d'€ (soit environ 12% du total du budget).

Rappelons que la dette publique totale[1] (celle des administrations centrales mais aussi des collectivités locales et de la sécurité sociale) est évaluée à **1175,9 milliards d'€** pour un PIB estimé autour de 1780 milliards d'€ (le ratio est alors d'environ **66%**).

Ces chiffres donnent évidemment le vertige aux Français généralement peu formés aux questions économiques.

La réalité est en fait plus complexe. Il convient en effet de faire quelques distinctions essentielles.

- En considérant les dépenses inscrites dans le budget de l'État, il faut faire une première différence entre les **charges** consacrées au **fonctionnement** (versement des traitements[2] des fonctionnaires par exemple) et les dépenses en capital, c'est-à-dire **les investissements** (création d'universités, de laboratoires de recherche ...).

  Dans ce cas il est clair qu'il s'agit de dépenses susceptibles de préparer la croissance économique future à l'instar des entreprises qui investissent pour gagner en compétitivité. En résumé, un déficit qui serait dû essentiellement à des efforts d'investissement ne peut être vraiment condamné. À contrario, l'État qui dépense en fonctionnement plus qu'il ne peut collecter d'impôts est voué à la ruine : « il vit au-dessus de ses moyens ».

- Il convient aussi de faire la différence entre le **solde général** du budget et le **solde primaire.** En effet, nous avons remarqué qu'une partie non négligeable des charges de l'État est constituée par les intérêts de la dette accumulée. Il est nécessaire ici de formaliser ces notions :

---

[1] Notion qui a été développée par la « commission PEBEREAU ». Voir à ce sujet le rapport disponible sur le site de la documentation française: http://lesrapports.ladocumentationfrancaise.fr/BRP/054004454/0000.pdf

[2] Le mot « traitement » dans la fonction publique correspond à la notion de « salaires » pour le secteur privé

Appelons :

B : le solde du budget; Y : la production en valeur (PIB)

t : le taux d'imposition fonction du revenu;

$\overline{T}$: les impôts exogènes; $T = t.Y + \overline{T}$;

$\overline{G}$: les dépenses publiques exogènes;

D : la dette publique; i : le taux d'intérêt

On peut alors écrire :

$$B = (T - \overline{G}) - (i.D)$$

ou encore :

$$B = (t.Y + \overline{T} - \overline{G}) - (i.D)$$

Le solde primaire correspond à $(t.Y + \overline{T} - \overline{G})$ et les intérêts versés au titre de la dette à $(i.D)$.

Deux remarques s'imposent :

- Plus la dette s'accroît, plus les intérêts augmentent ce qui implique, *ceteris paribus*[1], un effort fiscal supplémentaire.
- L'effort fiscal sera d'autant plus grand que le niveau des taux d'intérêt sera élevé. D'ailleurs, lors du D.O.B.[2] en juillet 2007, le Ministre du budget et des comptes publics, Eric Woerth, a rappelé que la hausse du loyer de l'argent (i) va faire croître significativement la charge de la dette (+5,5% / an pour atteindre 46 milliards d'€ en 2010 contre 39 milliards en 2005).

Mais le budget n'est pas qu'un simple constat des dépenses et recettes, c'est aussi une **arme importante de la politique économique**.

L'objet de ce chapitre est de comprendre comment les variations des impôts, des dépenses publiques peuvent agir sur la croissance économique.

Il faudra aussi prendre en compte les risques inflationnistes et les conséquences de l'ouverture de l'économie.

Le cadre d'analyse est ainsi macroéconomique (L'approche fait clairement référence aux travaux de John Maynard KEYNES).

---

[1] *ceteris paribus:* expression latine fréquemment utilisée en économie qui signifie « toutes choses égales par ailleurs ». On considère alors que les autres variables sont supposées constantes.

[2] D.O.B.: Débat d'Orientation Budgétaire. Voir leçon n°2: le budget.

1. Les principes du multiplicateur :

Avant d'étudier l'impact de la politique budgétaire, il convient de mettre en évidence :

1.1. La notion d'équilibre macroéconomique :

Chaque pays dispose de ce qu'il produit *(P)* et de ce qu'il importe (*M*). L'ensemble constitue les Ressources en produits (*P*+*M*).

Prenons l'exemple du marché automobile en France : Les firmes nationales (Peugeot, Renault…) « offrent » leurs productions à la vente. Mais, il est possible aussi d'obtenir des véhicules étrangers importés (Ford, Opel…).

La somme de ces quantités est égale à l'ensemble des ressources en automobiles. On notera que les importations augmentent nos disponibilités en produits (mais réduisent nos disponibilités en devises).

Ces ressources sont alors affectées à des utilisations (Emplois) diverses : Consommations Intermédiaires (*Ci*) ou Finales (*Cf*), Investissements (*I*), ΔStocks (*ΔSt*) et Exportations (*X*).

Ainsi, l'ensemble de ces utilisations (Emplois[1]) est égal à $(C + I + \Delta St + X)$

Dans notre exemple précédent, les véhicules produits ou importés sont, soit consommés, stockés, utilisés comme investissement (par les entreprises) ou encore exportés (les exportations diminuent nos disponibilités en produits).

Puisque les Emplois (utilisations) sont naturellement égaux aux Ressources, on peut formuler l'équilibre macroéconomique :

$$P + M = C + I + \Delta St + X$$

Or l'agrégat consommation peut se décomposer en Consommations intermédiaires (*Ci*) et consommations finales (*Cf*) :

$$C = (Ci + Cf)$$

Nous savons aussi que la Valeur Ajoutée (*VA*) est égale à la production moins les Consommations intermédiaires *(Ci)* :

$$VA = (P - Ci)$$

En outre, nous avons montré que le PIB (noté Y) est la somme des Valeurs Ajoutées :

$$Y = \sum VA$$

Alors, on peut reformuler ainsi :

$$P + M = Ci + Cf + I + \Delta St + X$$
$$\Leftrightarrow (P - Ci) = Cf + I + \Delta St + X$$

[1] Ici, le mot « emploi » ne signifie pas travail mais utilisation

Finalement :

$$Y + M = C_f + I + \Delta St + X$$

Nous avons ainsi une expression simplifiée de l'équilibre à l'échelle nationale pour tous les types de biens et services.

NB : Dans la suite de l'exposé, l'agrégat consommation finale sera noté simplement C (et non C_f).

1.2. Les multiplicateurs[1] budgétaires en économie fermée

Nous allons provisoirement considérer que l'économie nationale vit en autarcie i.e. $M = X = 0$

L'objectif est de mesurer l'impact d'une variation des dépenses publiques ($\Delta\overline{G}$) ou/et une variation des impôts (ΔT) sur le PIB (Y).

Question : Le déficit budgétaire qui se creuse avec ($\Delta\overline{G}$) ou/et (ΔT) est-il susceptible de provoquer une augmentation de (Y) ?

a) Effets d'une hausse des dépenses publiques ($\Delta\overline{G}$)

- Les recettes publiques s'écrivent $T = tY + \overline{T}$
- Le revenu disponible (Y_d) est égal à (Y-T)
- La fonction de consommation finale se définit ainsi :

$$C = cY + \overline{C} \text{ avec } c = \frac{\Delta C}{\Delta Y} \text{ et } \overline{C} \text{ la consommation exogène}$$

- Soit Y_0 le revenu d'équilibre initial et Y_1 le revenu après augmentation de G

On obtient alors :

$$Y_0 = C + \overline{I} + \overline{G} \Leftrightarrow Y_0 = cY_0 - ctY_0 - c\overline{T} + \overline{C} + \overline{I} + \overline{G} \qquad (0)$$

$$Y_1 = C + \overline{I} + \overline{G} \Leftrightarrow Y_1 = cY_1 - ctY_1 - c\overline{T} + \overline{C} + \overline{I} + \overline{G} + \Delta\overline{G} \qquad (1)$$

En soustrayant (1) - (0) :

$$(Y_1 - Y_0) = c(Y_1 - Y_0) - ct(Y_1 - Y_0) + \Delta\overline{G}$$

$$\Rightarrow \Delta Y(1 - c + ct) = \Delta\overline{G}$$

$$\Rightarrow \frac{\Delta Y}{\Delta\overline{G}} = \frac{1}{(1 - c + ct)} = k$$

[1] La notion de multiplicateur, « inventée » en 1931 par l'économiste anglais, Richard KAHN, est largement développée par KEYNES dans *La théorie générale de l'emploi, de l'intérêt et de la monnaie* 1936.

En résumé :

- La formule de ce multiplicateur (k) nous montre que l'effet de la politique budgétaire (ΔG) sera d'autant plus grand que la propension marginale à consommer (c) sera élevée et que le taux d'imposition (t) sera faible.

Exemple : si c = 0,8 ; t = 0,25 alors k = 2,5. Cela signifie que des dépenses publiques en hausse par exemple de (+100) impliquent une augmentation de Y (PIB) de 2,5.100 = 250

- On trouverait le même multiplicateur pour une augmentation de l'investissement (ΔI)

b) Effets d'une baisse d'impôts (ΔT)

Afin de ne pas trop alourdir l'écriture, nous ne considérerons qu'une variation des impôts exogènes $(\Delta \overline{T})$

$$Y_0 = C + \overline{I} + \overline{G} \Leftrightarrow Y_0 = cY_0 - ctY_0 - c\overline{T} + \overline{C} + \overline{I} + \overline{G} \qquad (0)$$

$$Y_1 = C_1 + \overline{I} + \overline{G} \Leftrightarrow Y_1 = cY_1 - ctY_1 - c\overline{T} - c\Delta\overline{T} + \overline{C} + \overline{I} + \overline{G} \qquad (1)$$

En soustrayant (1) – (0), on obtient :

$$\Delta Y = c\Delta Y - ct\Delta Y - c\Delta T$$

D'où le multiplicateur :

$$k = \frac{\Delta Y}{\Delta T} = \frac{-c}{1 - c + ct}$$

En résumé :

- Une baisse de T favorise l'augmentation de Y. Illustration : si c = 0,8 et t = 0,25, alors k = -2. Cela signifie, par exemple, qu'une baisse des impôts de 100 $(\Delta\overline{T} = -100)$ implique $\Delta Y = (-2. -100) = +200$.
- On remarque aussi qu'une baisse d'impôt de 100 est moins efficace qu'une hausse de 100 des dépenses publiques. Cela signifierait qu'il vaut mieux, d'une façon générale, augmenter les dépenses publiques que baisser les impôts.

En réalité, on se heurte à un choix politique : une baisse d'impôts concernera surtout les catégories de ménages « aisés » alors que la hausse des dépenses publiques avantagent généralement les ménages à revenus modestes.

- L'effet d'une baisse d'impôts est d'autant plus important que la propension marginale à consommer (c) est élevée.

En effet, une baisse d'impôts induit une augmentation du revenu disponible des ménages. Ceux-ci réinjecteront ce surcroît de revenu dans le circuit économique par le biais de la consommation.

- Un déficit budgétaire n'est pas toujours condamnable puisqu'une (ΔG), ceteris paribus, crée de la richesse (ΔY) et par la suite des rentrées fiscales (ΔT) capables de combler le déficit initial.

De la même manière, une baisse d'impôts (ΔT), ceteris paribus, est capable de créer de la croissance.

c) Le théorème d'HAAVELMO[1] :

Il existe un effet multiplicateur budgétaire $(k=1)$ lorsque $(\Delta G=\Delta T)$.

Cela signifie que l'augmentation simultanée, des dépenses publiques et des impôts (l'équilibre budgétaire est conservé) provoque, malgré tout, une augmentation de *Y*.

Ce théorème justifie pleinement le budget comme arme de la politique économique.

Démonstration :

En conservant les hypothèses précédentes :

- L' Economie est fermée
- Une variation des impôts exogènes en considérant que $\Delta G = \Delta T$. Afin d'alléger l'écriture, on supposera aussi que les impôts ne dépendant pas de *Y*. Ainsi $(T=\overline{T})$
- On considère enfin que : I est exogène (donc noté $\overline{I}$), il n'y a pas d'effet d'éviction lié à l'impôt

Alors :

$$Y_0 = C + \overline{I} + \overline{G} \Leftrightarrow Y_0 = cY_0 - c\overline{T} + \overline{C} + \overline{I} + \overline{G} \qquad (0)$$

$$Y_1 = C_1 + \overline{I} + \overline{G} + \Delta G \Leftrightarrow Y_1 = cY_1 - c\overline{T} - c\Delta\overline{T} + \overline{C} + \overline{I} + \overline{G} + \Delta G \qquad (1)$$

En soustrayant (1) – (0), on obtient :

$$\Delta Y = c\Delta Y - c\Delta\overline{T} + \Delta G$$

Ou encore :

$$\Delta Y(1-c) = \Delta G(1-c) \Leftrightarrow \frac{\Delta Y}{\Delta G} = \frac{(1-c)}{(1-c)} = 1$$

$$\Rightarrow k = 1$$

Supposons par exemple : $\Delta T = \Delta G = +100,$

alors : $\Delta Y = 1.\ (+100) = +100.$

En augmentant simplement le volume du budget, le gouvernement provoque donc de la croissance économique (*Y* augmente) tout en conservant un équilibre budgétaire.

[1] Trygve HAAVELMO (1911-1999), économiste norvégien, prix Nobel en 1989

2. Politique budgétaire et croissance : utilisation du modèle IS-LM

Que les décisions gouvernementales en matière de budget aient des conséquences sur la croissance par le biais d'effets multiplicateurs, peu en doutent aujourd'hui.

Cependant, il convient de prendre en compte aussi le rôle des taux d'intérêt (*i*) dans cette affaire.

Pour avoir une vision la plus synthétique possible, nous utiliserons le modèle « **IS-LM** » de **HICKS-HANSEN**[1].

Le grand résultat de ce modèle réside dans la détermination d'un taux d'intérêt (i^*) et d'un revenu (Y^*) qui assurent à la fois l'équilibre sur le marché des biens (courbe IS) et celui de la monnaie (LM).

2.1. Le modèle IS-LM

a) Construction de la courbe IS (I = Investissement ; S = Epargne)

L'équilibre sur le marché des biens s'écrit :

$$Y = C+I+G \quad (1) \quad \text{d'où } Y - C - G = I \Leftrightarrow S = I$$

En outre la consommation dépend du revenu disponible (revenu – impôts) et d'autres facteurs d'où $C = c(Y - tY - \overline{T}) + \overline{C}$.

On considère désormais que l'investissement dépend en partie du taux d'intérêt (i), d'où :

$$I = -bi + \overline{I}$$

En remplaçant dans l'équation (1), on obtient :

$$\begin{aligned} & Y = c(Y - tY - \overline{T}) + \overline{C} - bi + \overline{I} + \overline{G} \\ & \Leftrightarrow Y(1 - c + ct) = -c\overline{T} + \overline{C} - bi + \overline{I} + \overline{G} \\ & Y = \left(\frac{-b}{1-c+ct}\right)i + \left(\frac{-c\overline{T} + \overline{C} + \overline{I} + \overline{G}}{1-c+ct}\right) \end{aligned} \quad (2)$$

Nous avons trouvé ainsi la relation entre Y et i, de telle sorte que l'équilibre sur le marché des biens soit respecté :

$$\text{IS} = \{(\text{Y,i})/\text{I}=\text{S}\}$$

Cette courbe IS est construite à partir de 3 graphiques :

---

[1] John HICKS (1904-1989) publia en 1937, dans un article « Keynes et les classiques », le modèle dit IS-LM. Celui-ci fut ensuite popularisé lors de la parution du livre d'Alvin HANSEN (1887-1975) intitulé *A guide to Keynes en 1953.* Remarquons enfin qu'il s'agit d'un modèle à prix fixes.

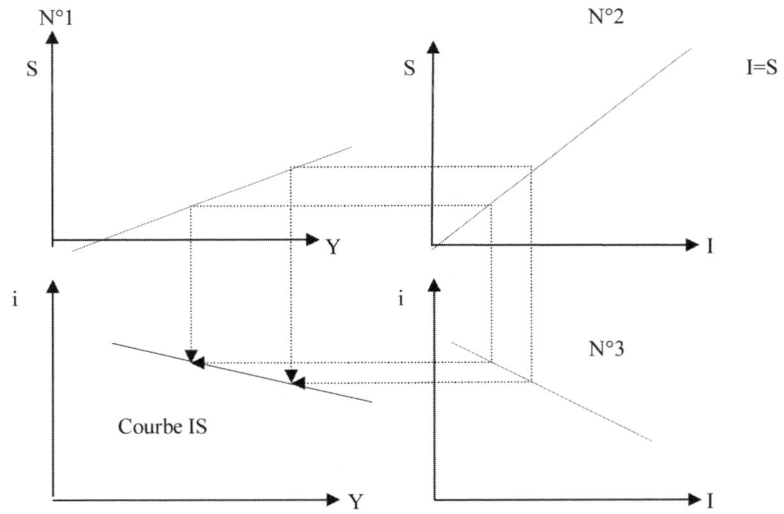

Lecture :

Graphique N°1 : il s'agit de la relation entre l'épargne et le revenu. $S = sY + \overline{S}$ avec *(s)*, propension marginale à épargner

Graphique N°2 : c'est l'expression de l'équilibre général sur le marché des biens (I = S)

Graphique N°3 : correspond au lien entre le taux d'intérêt et le niveau d'investissement : le niveau d'I est d'autant plus fort que l'Efficacité marginale du capital (EmK) est importante ce qui correspond à un taux d'intérêt faible. En effet, plus le taux d'intérêt est faible, plus le volume des projets d'investissement rentables sera important.

La courbe IS se déduit donc par simple report des points des trois autres graphiques.

Exemple numérique :

Soient : $c = 0,8;\ \overline{C} = 30;\ t = 0,25;\ \overline{T} = 10;\ b = 6;\ \overline{I} = 50$ et $\overline{G} = 28$.

En remplaçant dans l'équation (2) on obtient l'expression de IS :

$$\begin{aligned} &Y = 0,8(y - 0,25y - 10) + 30 - 6i + 50 + 28 \\ &\Leftrightarrow Y = -15i + 250 \end{aligned} \qquad \textbf{(IS)}$$

b) Construction de la courbe LM (L = Liquidity, demande de monnaie et M = Money, offre de monnaie).

Prendre en compte la question des taux d'intérêt nous conduit à observer ce qui se passe sur le marché de la monnaie.

On recherche ici l'ensemble des points (Y; i) de telle sorte que l'équilibre sur le marché de la monnaie soit respecté. En langage mathématique :

$$LM = \{(Y;i)/L = M\}$$

Hypothèses :

- On admet avec Keynes le principe de la préférence pour la liquidité : les détenteurs de monnaie ne sont prêts à faire des placements qu'à la condition d'une rémunération (taux d'intérêt) attractive. Le taux d'intérêt est alors considéré ici comme le prix de renonciation à la liquidité et non comme la variable d'ajustement entre offre et demande de monnaie.
- La demande de monnaie (L) correspond aux motifs de transactions (à des fins d'échanges), de précaution (pour faire face à des difficultés éventuelles futures) et de spéculation (afin de conserver sa capacité à bénéficier de spéculations sur les marchés boursiers par exemple).
- L'Offre de monnaie ($\overline{M}$) est supposée exogène, elle est déterminée par les autorités monétaires (Banque Centrale).
- La demande de monnaie à des fins de transactions et de précaution (L_1) dépend directement du revenu.

Ainsi : $L_1 = k.\ Y$ (k =paramètre) voir graphique N°3.

La demande de monnaie à des fins de spéculations (L_2) dépend du taux d'intérêt.

Ainsi : $L_2 = -\ h.i$ avec -h < 0 (graphique N°1).

En effet, si le taux d'intérêt du marché est haut, le spéculateur ne peut s'attendre qu'à une baisse, il convient dans ce cas de détenir peu de liquidités.

À contrario, un taux d'intérêt faible conduit le spéculateur à s'attendre à une hausse du taux. En outre, renoncer à la liquidité ne lui rapporterait que peu d'intérêts.

Il convient dans ce cas de conserver beaucoup de liquidités. Remarquons qu'en dessous d'un taux d'intérêt (2% environ), la demande de monnaie L_2 devient parfaitement élastique (nous sommes alors dans la **trappe à liquidités**).

En effet, à ce faible niveau de taux, toute offre supplémentaire de monnaie ne fera plus baisser le taux d'i mais se traduira par une demande supplémentaire de liquidités.

Résultats :

La demande de monnaie s'écrit : $L = k.Y - h.i$
L'équilibre sur le marché de la monnaie s'écrit $\overline{M} = L_1 + L_2$ (voir graphique N°2)
L'expression de LM est : $Y = \left(\frac{h}{k}\right)i + \left(\frac{\overline{M}}{k}\right)$

On constate que LM est une fonction croissante dans le plan (OY; Oi) pour i > 2% (environ).

Pour i = 2% LM est horizontale (**trappe à liquidités**)

Construction de la courbe LM :

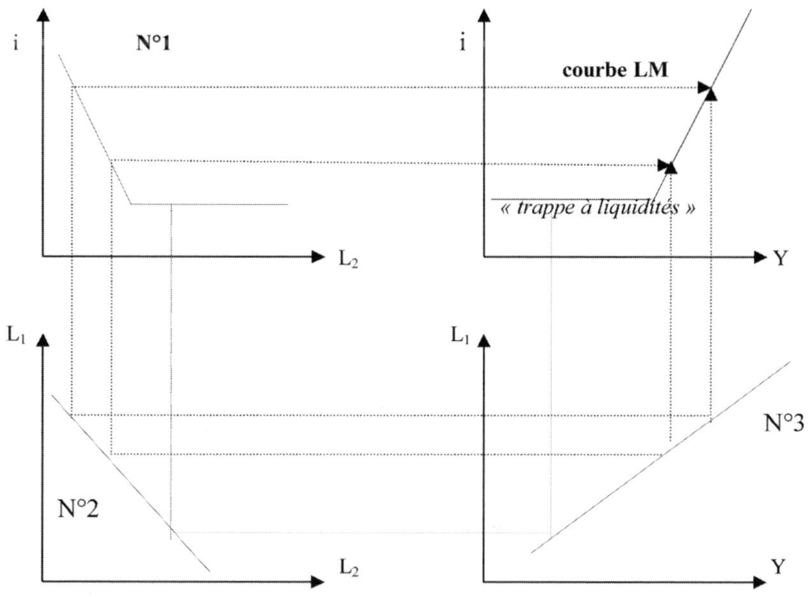

Lecture :

La courbe LM est croissante au de-là de la trappe à liquidités. En effet, un revenu (Y) en hausse suppose une demande de monnaie L_1 supérieure.

Or l'Offre de monnaie ($\overline{M}$) étant constante, l'équilibre ne peut se réaliser que pour un taux d'intérêt (i) plus élevé.

Exemple numérique :

$\overline{M} = 100$; $k = 0,5$; $h = 4$ $\Rightarrow L = 0,5Y - 4i$

Avec ($L = \overline{M}$) on obtient en remplaçant : $100 = 0,5Y - 4i \Leftrightarrow Y = 8i + 200$ **(LM)**

c) La synthèse IS-LM :

Pour trouver la solution (Y*, i*) capable de préserver les équilibres sur le marché des biens et de la monnaie, il suffit de placer IS et LM sur un même graphique comme celui-ci :

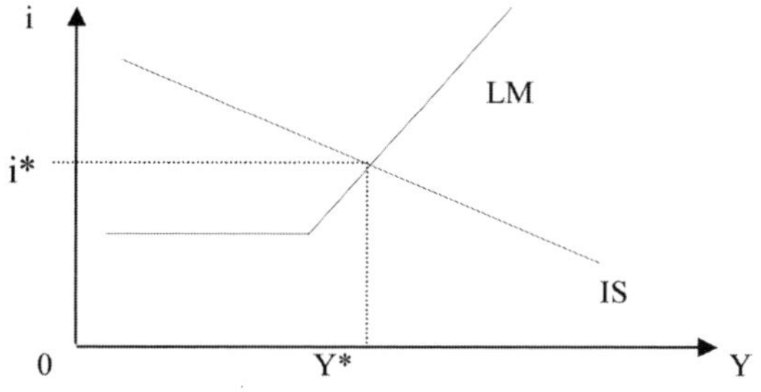

Le calcul mathématique va nous permettre de connaître la solution de façon précise. Il suffit de résoudre un système de **deux équations** (IS) et (LM) à **deux inconnues** (Y) et (i) :

$$\begin{cases} Y = \left(\dfrac{-b}{1-c+ct}\right)i + \left(\dfrac{-c\overline{T}+\overline{C}+\overline{I}+\overline{G}}{1-c+ct}\right) \\ Y = \left(\dfrac{h}{k}\right)i + \left(\dfrac{\overline{M}}{k}\right) \end{cases}$$

Exemple numérique : en conservant les données précédentes, le système devient :

$$\begin{cases} Y = -15i + 250 \\ Y = 8i + 200 \end{cases}$$

D'où : i* = 2,17% et Y* = 217,36. On constate qu'avec un taux d'intérêt de 2,17%, le revenu national est de 217,36.

Avertissement :

Il est tout à fait possible que ce revenu national *Y** soit insuffisant pour permettre le plein emploi.

En effet, le modèle IS-LM est assez conforme[1] au raisonnement keynésien. Dans ce cadre (ce modèle est à prix fixes et construit dans une économie fermée), l'équilibre de sous-emploi est jugé fort probable.

2.2. Comprendre la politique budgétaire grâce au modèle IS-LM

En observant les équations du modèle IS-LM, on notera la présence des dépenses publiques ($\overline{G}$) et des impôts ($T = tY + \overline{T}$).

On peut donc mesurer l'effet d'une politique budgétaire ($\Delta\overline{G}$) ou/et (ΔT) sur le revenu national (Y*) et le taux d'intérêt (i*) qui garantissent les équilibres sur les marchés des biens et de la monnaie.

Dans l'équation de (IS) : $Y = \left(\dfrac{-b}{1-c+ct}\right)i + \left(\dfrac{-c\overline{T}+\overline{C}+\overline{I}+\overline{G}}{1-c+ct}\right)$,

on constate que ($\Delta^+\overline{G}$) provoque, *ceteris paribus*, un déplacement de IS vers la droite d'où la situation suivante :

[1] Notons tout de même les critiques des « keynésiens purs » comme Joan ROBINSON (1903-1983) et Nicholas KALDOR (1908-1986). Ils considèrent que IS-LM s'éloigne de la théorie keynésienne dans la mesure où les raisonnements se font dans le cadre des marchés et non pas dans celui d'un circuit.

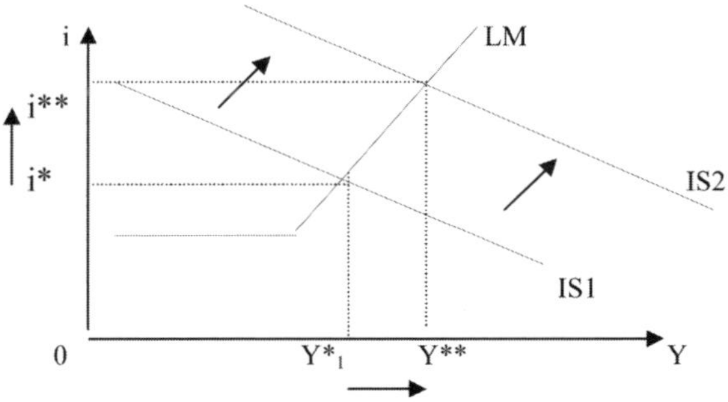

Résultat :

Une hausse des dépenses publiques creuse sans doute le déficit budgétaire, mais conduit à une hausse du revenu national (*Y*) c'est-à-dire de la croissance et par conséquent de l'emploi (*N*).

Remarquons que l'efficacité des politiques de relance par le déficit public est très discutable : l'échec cuisant de la politique de relance du gouvernement socialiste de Pierre Mauroy en 1981 reste dans toutes les mémoires[1].

On notera aussi, qu'en l'absence d'une politique monétaire expansionniste, le taux d'intérêt susceptible d'apporter les équilibres doit être revu à la hausse.

Le niveau d'emploi étant, dans la logique keynésienne, fonction de la situation du marché des biens : $\Delta^+ Y \Rightarrow \Delta^+ N$.

Le résultat est alors une diminution, moins que proportionnelle, du chômage : cela s'explique par l'existence d'un **taux de flexion**[2].

Exemple numérique :

En conservant les données des exemples précédents et en faisant varier ($\overline{G}$) de la façon suivante $\Delta \overline{G} = +10$, on obtient une nouvelle équation de IS : $Y = -15i + 275$

On peut alors résoudre le nouveau système :

$$\begin{cases} Y = -15i + 275 \\ Y = 8i + 200 \end{cases}$$

---

[1] En 1980, le solde du budget était de -30,3 milliards de francs pour une croissance de +1,4%, un chômage de 6,4% et un solde des paiements courants à -0,6% du PIB. Après l'arrivée de la gauche aux affaires le 10 mai 1981, une politique de relance est engagée. Les résultats en 1982 sont les suivants: Solde du budget qui triple: -99 milliards de francs, le taux de chômage dépasse 8% et le solde des paiements courants tombe à -2,2% du PIB. Un tel échec justifia alors le « virage de la rigueur » sous l'impulsion de Jacques DELORS.

[2] Ce taux peut se définir ainsi: $t = \left(\frac{\Delta \text{ chômeurs}}{\Delta \text{ nouveaux emplois}} \right)$. En effet, la création d'un emploi peut inciter des inactifs à postuler pour cet emploi. Cela signifie donc qu'une offre d'emploi en plus ≠ un chômeur en moins dans les statistiques.

La nouvelle solution d'équilibre est $i^{**} = 3{,}26\%$ et $Y^{**} = 226{,}06$. La croissance est bien au rendez-vous (+4%), mais elle est modeste dans la mesure où l'offre de monnaie étant inchangée, l'effet multiplicateur des dépenses publiques a été contrecarré.

Remarquons que le déplacement de IS vers la droite aurait pu être obtenu avec une diminution des impôts $(\Delta^- T)$ mais l'effet eut été moindre parce que le multiplicateur des dépenses publiques $k = \dfrac{1}{1-c+ct}$ est plus fort que celui des impôts $k = \dfrac{-c}{1-c+ct}$.

Accompagner la politique budgétaire par un politique monétaire adaptée :

Ce qui précède tend à justifier l'idée que pour retrouver la croissance dans un pays marqué par le chômage, il est plus judicieux d'injecter du pouvoir d'achat par une hausse des dépenses publiques plutôt qu'en faisant un « cadeau fiscal ».

Mais une telle conclusion est quelque peu hâtive. Il faut en effet tenir compte de l'impact sur l'évolution des prix et des conséquences sur les échanges. Pour obtenir une plus grande efficacité, on pourrait tout au moins souhaiter une politique monétaire adaptée. C'est le sens des « policy-mix[1] » d'après guerre.

On va voir désormais comment l'action sur l'offre de monnaie[2] ($\overline{M}$) améliore l'effet de la politique budgétaire.

Dans l'équation de LM : $Y = \left(\dfrac{h}{k}\right) i + \left(\dfrac{\overline{M}}{k}\right)$**, on constate aisément que** $(\Delta^+ \overline{M})$ **provoque, *ceteris paribus*, un déplacement de la courbe LM vers la droite.**

Le graphique suivant présente une situation où la politique budgétaire expansionniste $(\Delta^+ \overline{G})$ est accompagnée d'une offre de monnaie supplémentaire $(\Delta^+ \overline{M})$:

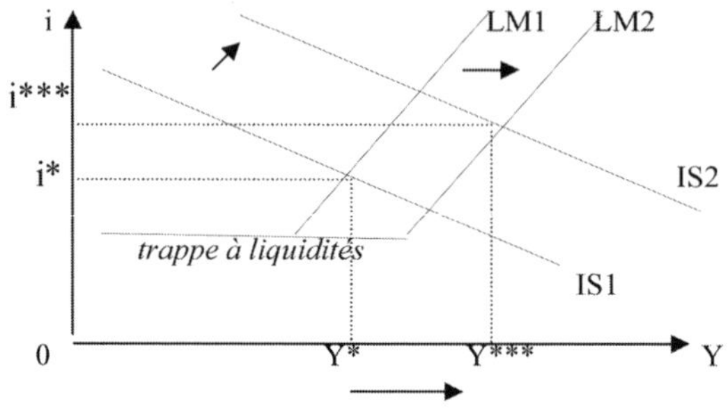

Résultat : ce « policy mix » aboutit à une croissance plus forte. On passe de Y* à Y***, à la condition tout de même que le niveau des taux d'intérêt se situe au-dessus de la « trappe à liquidités ».

---

[1] Expression qui signifie mélange de politiques

[2] Rappelons que l'offre de monnaie est le résultat des actions menées par la banque centrale à travers notamment la politique d'open market, le taux de réserves obligatoires.

Exemple numérique :

Nous reprenons toujours les données des exemples précédents en modifiant simplement l'offre de monnaie ($\overline{M}$).

Supposons que ($\overline{M}$) + ($\Delta \overline{M}$) = 100 + 2 = 102. Alors, LM s'écrira $102 = 0,5Y - 4i \Leftrightarrow Y = 8i + 204$.

On peut alors résoudre le nouveau système :

$$\begin{cases} Y = -15i + 275 \\ Y = 8i + 204 \end{cases}$$

$$\Rightarrow i^{***} = 3,08\% \text{ et } Y^{***} = 228,64$$

Force est de constater que ce policy mix donne de meilleurs résultats : on passe d'un revenu d'équilibre initial de 217,36 à 228,64 (+5% environ).

Le taux d'intérêt s'élève aussi, mais on ne peut donner une règle générale : le graphique permet de comprendre que la hausse ou la baisse du taux d'intérêt d'équilibre dépend de l'amplitude des déplacements conjoints de IS et LM.

Remarque :

Avec le traité de Maastricht (signe le 7 février1992) et la marche vers l'€, les banques centrales en Europe sont devenues indépendantes et l'arme monétaire a progressivement échappé aux gouvernements.

C'est la Banque Centrale Européenne (BCE), dirigée actuellement par le Français Jean-Claude TRICHET qui est en charge de la politique monétaire. Sa mission prioritaire est de veiller à la stabilité des prix[1] (il faut donner de la crédibilité à l'€) plutôt que de soutenir la croissance de tel ou tel pays[2].

Cette nécessité de limiter l'inflation notamment en acceptant des taux d'intérêt élevés (le taux directeur de la BCE en 2007 est de 4%) est parfois critiquée[3].

On peut constater néanmoins que la politique monétaire de la BCE, avec un taux de change élevé (1€ = 1,45 $) gène peut-être la France. Par contre d'autres pays, comme l'Allemagne, s'en accommodent très bien : croissance et excédent commercial sont au rendez-vous).

---

[1] *« Art. 105.1. L'objectif principal du SEBC est de maintenir la stabilité des prix. Sans préjudice de l'objectif de stabilité des prix, le SEBC apporte son soutien aux politiques économiques générales dans la Communauté, en vue de contribuer à la réalisation des objectifs de la Communauté. »*

[2] Il y a là une grande différence avec les États-Unis où la banque centrale (la « FED », dirigée actuellement par Ben BERNANKE) doit œuvrer au soutien de la croissance.

[3] Il s'agit des critiques récurrentes d'hommes politiques comme celles de l'ancien ministre Jean-Pierre Chevènement mais aussi de certains économistes tel Jean-paul FITOUSSI (on se reportera à son ouvrage *Le débat interdit* 1995 éditions Arléa).

3. Politique budgétaire et la question de l'inflation : le modèle AD-AS (Aggregate Demand- Aggregate supply)

Le modèle IS-LM pour l'étude de la politique budgétaire souffre, malgré sa simplicité d'utilisation, d'un handicap important : les raisonnements se font à prix fixes. La question de l'inflation a été jusqu'à présent totalement éludée. Il est donc nécessaire d'intégrer le niveau des prix (***p***) dans le modèle.

Afin de se rapprocher de la réalité, nous utiliserons le modèle **AD-AS**, dérivé du modèle IS-LM et qui intègre cette question[1].

a) Quelques hypothèses

On retient d'abord les conditions du modèle IS-LM. Le niveau des prix est supposé se fixer sur le marché des biens. Une modification du niveau des prix change le pouvoir d'achat en termes réels.

En effet, n'oublions pas que l'augmentation des prix (l'inflation) correspond à une perte de pouvoir d'achat (avec un même billet, on obtient de moins en moins de biens).

De la sorte, on peut indiquer que l'offre de monnaie ($\overline{M}$) est égale à l'offre en termes réels (M_r) multipliée par le niveau général des prix (p).

On peut en déduire :

$$M_r = \frac{\overline{M}}{p}$$

L'équation représentant l'équilibre (*en termes réels*) sur le marché de la monnaie devient :

$$kY - hi = \frac{\overline{M}}{p}$$

$$\Leftrightarrow Y = \left(\frac{h}{k}\right)i + \left(\frac{\overline{M}}{kp}\right) \quad \textbf{LM}$$

Dans cette nouvelle écriture, on constate aisément que toute augmentation de (p) implique un déplacement de LM vers la gauche. On en déduit alors **une relation entre (*Y*) et (*p*)**

---

[1] Pour une présentation détaillée du modèle, on se reportera à l'ouvrage *Théories macroéconomiques, fondements et controverses* de Michel DEVOLUY, 1993 éditions Masson.

La construction de AD : courbe de demande globale

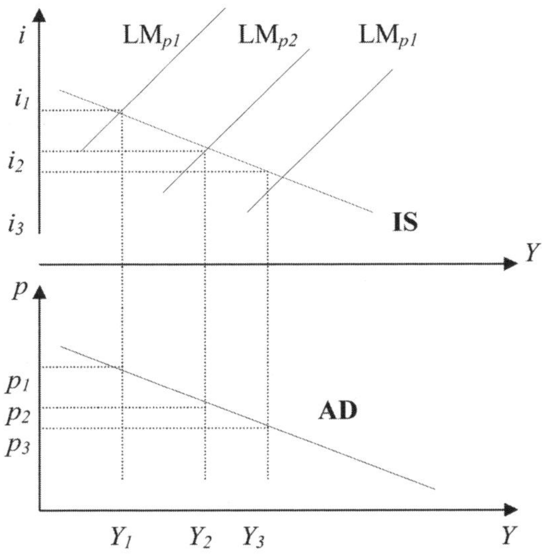

(p1 > p2 > p3)

Lecture : (AD) Pour une offre nominale de monnaie donnée, on peut obtenir un revenu national plus élevé si le niveau des prix baisse. Remarquons que si cette offre nominale augmente ($\Delta^+ \overline{M}$).

Puisque IS se déplace vers la droite pour une augmentation des dépenses publiques ($\Delta^+ \overline{G}$), alors la courbe de demande globale AD se déplacera aussi vers la droite.

c) La construction de la courbe AS : courbe d'offre globale

On met en évidence le lien entre le niveau des prix (p) et l'offre des entreprises.

Dans ce modèle de synthèse entre théorie néoclassique et keynésienne, on retient que les salaires nominaux (W) sont rigides à la baisse.

De fait, le salaire réel ne diminue que si le niveau des prix augmente. Pour construire la courbe AS, il faut montrer le lien entre le fonctionnement du marché du travail et celui des biens :

Dans l'analyse néoclassique, le marché du travail est voué à se trouver en situation de plein emploi à condition que le salaire réel $w = \dfrac{W}{p}$ soit flexible.

De plus, il n'est pas possible d'aller au-delà du plein emploi même si le niveau des prix augmente.

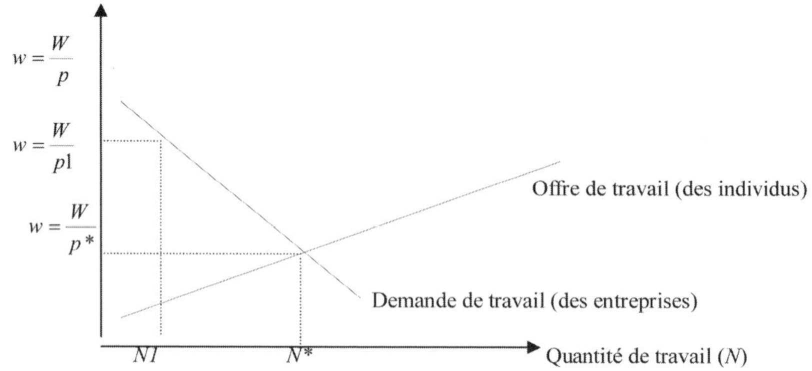

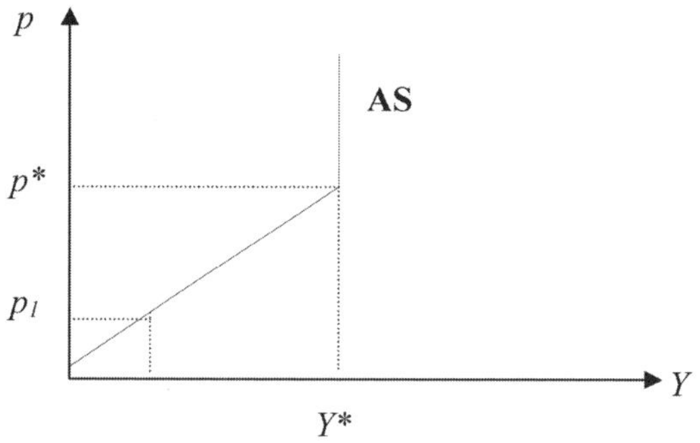

Lecture :

Si le niveau des prix augmente en passant de p_1 *à* p^*, cela implique une baisse du salaire réel (w) .

À ce niveau de salaire, le plein emploi est possible. Il détermine une production nationale possible (et donc un revenu national Y^*).

On remarque donc que la hausse des prix est plutôt favorable au plein emploi (puisque le salaire réel baisse) et à la croissance.

Notons enfin que la corrélation positive entre prix et revenu national (droite à pente positive) est « coudée » à partir de P^*.

En effet, même si le niveau des prix s'élève encore, on ne pourra pas pour autant dépasser le niveau de plein emploi et donc Y^*.

La partie verticale de **AD** correspond donc à la situation : $\forall p,\ Y = Y^*$

d) L'équilibre AD-AS et la politique budgétaire :

On place AD et AS sur un même schéma ce qui permet de trouver l'équilibre général (Y_1, P_1) :

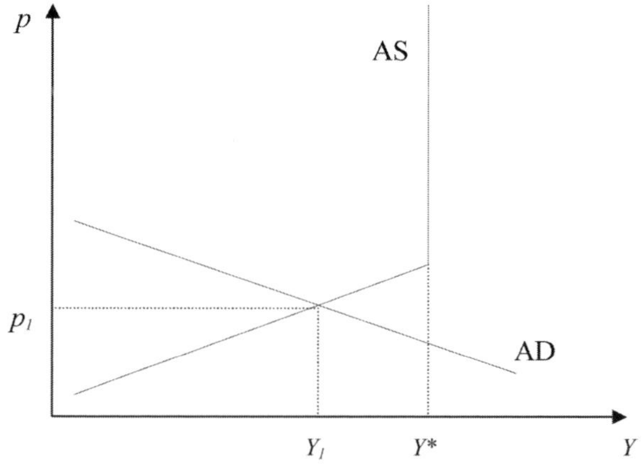

On remarque que Y_1 ainsi déterminé ne correspond pas au plein emploi.

Une politique de relance par une augmentation des dépenses publiques ($\Delta^+ \overline{G}$) provoque un déplacement de IS vers la droite et de fait un déplacement de même nature de AD.

Le graphique ci-dessous montre plusieurs éventualités :

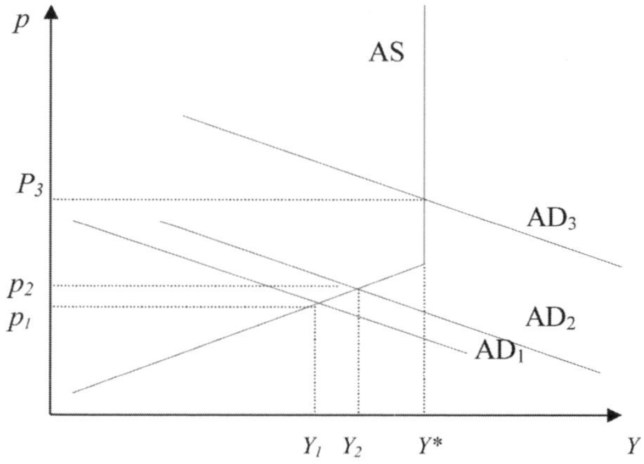

Le déplacement de la courbe AD_1 en AD_2 se traduit par une augmentation du revenu national au niveau Y_1 : la politique budgétaire permet bien la croissance et une amélioration de l'emploi (et sans doute une baisse du chômage).

Mais le déplacement de AD au-delà de *Y** n'a plus qu'une conséquence : l'inflation.

Ainsi, on retiendra qu'une politique budgétaire a sans conteste des effets positifs sur la croissance et l'emploi mais qu'elle peut aussi se révéler inflationniste.

Pendant les décennies d'après-guerre, les gouvernements successifs en France comme ailleurs ont largement utilisé cette idée d'une croissance fondée sur la politique budgétaire, quitte à accepter plus d'inflation. C'est l'époque des politiques de « *Stop and Go* ».

Par contre, lorsque l'inflation s'accélère, les gouvernements « refroidissent » l'activité en freinant les dépenses publiques.

Jusqu'à la crise des années 70, la tentation a été forte de croire en une interprétation keynésienne de la courbe de PHILLIPS[1] : il y aurait eu un choix à faire entre chômage et inflation.

À partir du premier choc pétrolier (1973), il est devenu clair pour beaucoup que ***l'on passait d'une croissance inflationniste à une inflation sans croissance.***

4. Politique budgétaire en économie ouverte :

Si l'arme budgétaire peut présenter des dangers en matière d'inflation, il faut reconnaître aussi que l'ouverture de l'économie au reste du monde amoindrit les effets attendus de la politique budgétaire.

4.1. L'impact des échanges de biens et services sur le multiplicateur budgétaire :

Reprenons d'abord la formulation de l'équilibre entre Emplois et Ressources sur le marché des biens comme nous l'avions présenté au début du chapitre :

$$Y + M = C_f + I + \Delta St + X$$

Considérons en outre que les importations (M) dépendent du PIB national selon la relation :

$$M = m.Y$$

Avec m représentant la propension marginale à importer : $m = \frac{\Delta M}{\Delta Y}$.

Cela signifie qu'une variation du revenu national implique une variation des importations.

En effet, la croissance économique induit des importations supplémentaires de matières premières (minerais, pétrole...), mais aussi une augmentation du volume de produits finis (automobiles, vêtements..).

Par contre, les exportations ($\overline{X}$) ne dépendent pas de notre croissance mais de celle du reste du monde, $\frac{\Delta Y*}{Y*}$, elles sont donc « exogènes » dans notre modèle.

On peut alors réécrire la relation générale de la façon suivante :

$$Y + mY = cY + \overline{C} + \overline{I} + \overline{X}$$

---

[1] L'économiste néo-zélandais Alban PHILLIPS (1914-1975) a montré en 1958 (à partir de données portant sur l'économie anglaise entre 1867 et 1957)l'existence d'une corrélation inverse entre le taux de croissance des salaires $\frac{\Delta W}{W}$ et le taux de chômage (u). La fonction obtenue était du type: $\frac{\Delta W}{W} = a(u)^{-b} - c$. Dans les années 60, on considéra que la hausse des salaires pouvait être un bon indicateur de l'inflation d'où l'idée d'une alternative entre inflation et chômage.

En faisant apparaître le budget, l'équation devient :

$$Y + mY = c(Y - tY - \overline{T}) + \overline{C} + \overline{I} + \overline{X} + \overline{G}$$

En adoptant la même procédure que dans la première section du chapitre, on peut mettre en évidence le multiplicateur des dépenses publiques :

$$k = \frac{\Delta Y}{\Delta G} = \frac{1}{1 - c + ct + m}$$

On constate alors que la présence de la propension à importer au dénominateur de notre formule ne peut que réduire la valeur de *k* ce qui signifie un impact plus faible de la politique budgétaire.

En outre, l'accélération de la croissance risque de provoquer un déficit commercial important. Le solde commercial est en effet égal aux exportations moins les importations ce qui peut se formaliser ainsi :

$$SC^{ial} = \overline{X} - M \text{ ou encore } \overline{(\mathrm{X} - mY)}$$

Ainsi, tout écart de taux de croissance entre notre pays et le reste du monde se traduit par une évolution du solde commercial comme l'illustre l'expérience de la « relance Mauroy » en 1981/82.

Le tableau ci-dessous permet de comparer, à titre de simple exemple, la croissance française à celle de la RFA (1er partenaire économique de la France) et d'observer le solde douanier de la France.

On constate aisément que le différentiel de croissance s'accompagne d'un déficit commercial qui se creuse : l'accélération de la croissance française en ce début des années 80 se traduit par une augmentation des importations alors que l'atonie de la croissance allemande ne stimule pas nos exportations.

	Déficit budgétaire français	Croissance française	Croissance allemande	Différentiel de croissance	Solde commercial Français (FAB-FAB)
1980	- 4,6 milliards d'€	+1,4%	+1,0*	0,4 points	-9,4 milliards d'€
1981	-12,35 milliards d'€	+1,2%	+0,1%	1,1 points	-9 milliards d'€
1982	-15,11milliards d'€	+2,5%	-0,9%	3,4 points	-14,27 milliards d'€

D'après les données Insee et de la Banque de France

4.2. L'ouverture de l'économie et l'autonomie de la politique budgétaire :

Au début des années 1960, Robert MUNDELL(1932-..) et John Marcus FLEMING(1911-1976) ont approfondi le modèle IS – LM en y ajoutant le rôle des échanges extérieurs.

C'est le sens de la courbe **BP (Balance des Paiements)**. On parle alors généralement du modèle IS-LM-BP

4.2.1. Présentation du modèle IS-LM-BP

a) Hypothèses essentielles pour la construction de BP :

- Le taux de change réel $e_r = e\frac{p_x}{p_x^*}$ avec e, taux de change nominal ; P_x, prix des exportations nationales et P_x*, prix des exportations du reste du Monde.
- Les exportations nationales, (*X*), dépendent de la croissance du Reste du Monde (Y^*) et du taux de change réel (noté e_r) : $X(e_r, Y^*)$.
- Les importations, (*M*), dépendent du revenu national (*Y*) et du taux de change réel (e_r).
- Ainsi : $M = M(e_r, Y)$. Le Solde des Transactions Courantes, noté STC, peut s'écrire :

$$STC = X(e_r, Y^*) - M(e_r, Y).$$

- Les flux de capitaux dépendent de l'écart entre le taux d'intérêt national (*i*) et taux d'intérêt étranger (i^*). Le Solde de la Balance des Capitaux, noté **SBK** est alors fonction de l'écart de taux d'intérêt mais aussi de l'évolution du taux de change $\frac{\Delta e}{e}$.
- Alors, nous pouvons écrire : $SBK\left(i - i^* + \frac{\Delta e}{e}\right)$

b) La condition d'équilibre des échanges extérieurs : Les échanges sont retracés dans la Balance des Paiements, document comptable construit selon les principes de la comptabilité en partie double. Ainsi, toute opération donne lieu à l'inscription au crédit d'un compte et au débit d'un autre compte. De fait, le solde général est, par construction, égal à 0. Cependant, les soldes intermédiaires, STC, SBK ont des soldes différents de 0.

Finalement, nous pouvons écrire la relation suivante :

$$STC + SBK = 0$$

$$\Leftrightarrow X(e_r, Y^*) - M(e_r, Y) + SBK\left(i - i^* + \frac{\Delta e}{e}\right) = 0$$

Simplifions l'expression : nous supposerons que $\frac{\Delta e}{e} = 0$ et que i^* est exogène (i^* dépend de la politique monétaire du reste du Monde). Par ailleurs, Y^* est aussi exogène dans le modèle. Alors l'équilibre s'écrit ainsi :

$$\boldsymbol{X(e_r) - M(e_r, Y) + SBK(i) = 0}$$

c) Construction de la courbe BP :

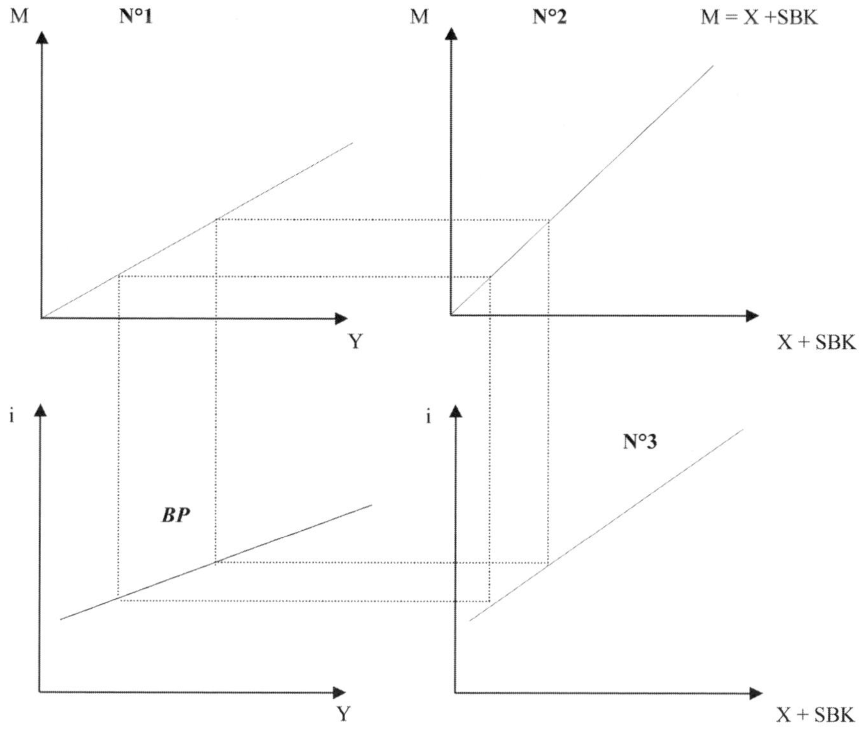

Lecture :

- Le graphique **N°1** exprime la relation entre les importations et le revenu national. La pente de cette droite est la propension à importer

- Le graphique **N°2** correspond à l'égalité comptable entre STC et SBK, c'est la condition d'équilibre des échanges extérieurs : $STC + SBK = 0$

- Le graphique **N°3** montre la relation entre le SBK et le taux d'i. Si i augmente (avec i^* inchangé et nul : $\frac{\Delta e}{e} = 0$), alors les capitaux affluent dans l'économie nationale parce qu'ils sont mieux rémunérés. Si les capitaux ne peuvent pas circuler tout à fait librement, un tel écart de taux d'intérêts ($i - i^*$) est possible et cette droite est alors croissante.

- Par contre, si l'on considère une parfaite mobilité des capitaux, il n'y a plus d'écart durable entre i et i^*. Alors, cette droite devient horizontale puisque SBK ne dépend plus de i. Par construction, on note alors que BP devient, elle aussi, horizontale.

- La courbe BP est alors l'ensemble des points de coordonnées $(Y, i)/STC+SBK=0$

d) Formalisation :

- Les exportations $X = x.e$ où x est un paramètre mesurant l'effet d'une modification du taux de change sur les exportations
- Les importations $M = m_1.e + m_2.Y$ où m_1 est un paramètre mesurant l'impact d'une modification du taux de change sur les importations et m_2 est la propension à importer c'est-à-dire l'effet de la croissance nationale sur les importations.
- On en déduit le Solde des Transactions courantes $STC = x.e - m_1.e - m_2.Y$
- Le solde de la Balance des Capitaux peut s'écrire $SBK = a\left(i - i^* + \frac{\Delta e}{e}\right)$ où a est un paramètre mesurant le degré d'ouverture financière du pays. Il permet d'évaluer la plus ou moins grande mobilité des capitaux.

$$\text{Ainsi : } (xe - m_1 - m_2Y) + a\,(i - i^* + \Delta e/e) = 0$$

$$\Rightarrow Y = (a/m_2)i + (xe - m_1e - ai^* + a\Delta e/e)/m_2$$

Remarques :

- Si la **mobilité des capitaux est totale**, alors $a \to +\infty$. De fait, on note que dans l'équation précédente i ne dépend plus alors de Y : **BP est horizontale.**
- Si les capitaux ne peuvent circuler (contrôle des changes), alors $a \to 0$. Ainsi, BP devient verticale.
- Situations d'excédent ou de déficit extérieur :

* Excédent : ici, $X + SBK > M$ (Point A). Ici, l'excédent correspond à une augmentation des réserves de change. On situe alors au-dessus de BP.

* Déficits : $X + SBK < M$ (Point B). Le déficit se traduit par une diminution des réserves de change. On se situe en dessous de BP.

Résumé : on rencontre trois types de situations :

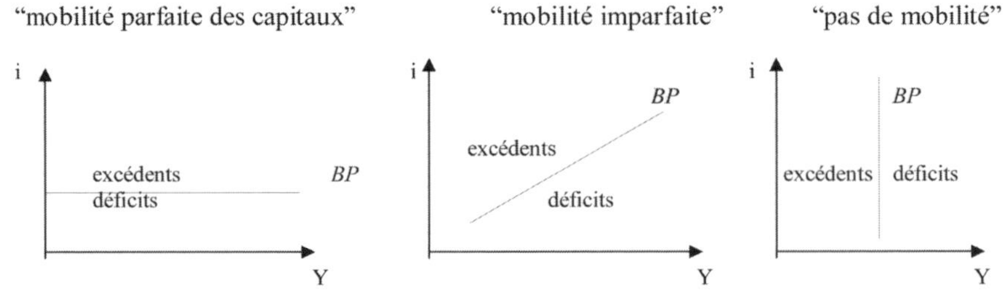

4.2.2. Quelle politique économique en économie ouverte ? L'outil IS-LM-BP

a) Hypothèses :

Afin d'étudier l'impact des politiques budgétaires et monétaires, il convient de distinguer le régime de changes (fixes ou flottants).

Intéressons nous ici simplement au cas du régime de *changes flottants*[1] en vigueur.

En outre, rappelons que la France ne dispose plus de l'arme monétaire puisque le passage de Franc à l'€ s'est largement accompagné d'un transfert de compétence de la Banque de France à la Banque Centrale européenne (BCE).

Enfin, faisons l'hypothèse réaliste d'une très forte ouverture financière. Cela induit, dans le modèle IS-LM-BP une *courbe BP horizontale.*

b) Problème : Quelle est alors l'efficacité d'une politique budgétaire expansionniste?

Le déplacement de IS_1 vers la droite (en IS_2) implique un taux d'intérêt plus élevé. L'afflux de capitaux stimule l'activité et par conséquent les importations. Cela provoque aussi l'appréciation de la monnaie nationale sur le marché des changes au détriment des exportations[2].

De fait, cette moindre compétitivité externe des produits nationaux agit comme une baisse de la demande globale (déplacement de IS_2 vers la gauche).

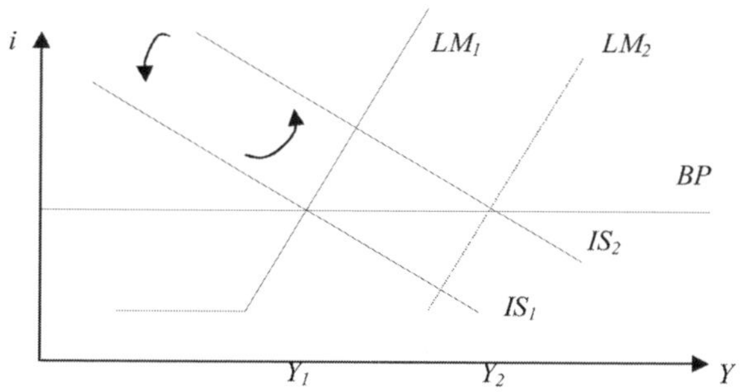

Résumé :

On constate qu'une politique budgétaire en économie ouverte, avec une liberté de circulation des capitaux et sans politique monétaire accompagnatrice n'est pas efficace : on ne s'éloigne pas du revenu national (Y_1).

---

[1] Depuis les accords de la Jamaïque en 1976, le Système Monétaire International fonctionne selon le principe des changes flottants: le lecteur pourra constater par exemple que le taux de change entre le $ et l'€ ne cesse de varier.

[2] Si les exportations dépendent de la compétitivité prix (le taux de change est alors une variable importante), elles sont surtout fonction d'une compétitivité qualité (comme en témoigne les succès allemands).

On notera que dans le contexte actuel de la crise, les gouvernements ont lancé des plans de relance budgétaire importants. Ils sont accompagnés par une baisse significative des taux directeurs des banques centrales à la fin de l'année 2008 : 0,25% aux USA, 2,5% dans l'UEM. Dans le modèle décrit, cela se traduirait par un déplacement de (LM_1) vers la droite (LM_2) et un revenu national Y_2 plus important.

Au terme de ce chapitre, force est d'admettre que la politique budgétaire est une arme bien délicate à manier dans une économie ouverte. N'oublions pas que la France s'est engagée, comme tous les pays de la zone euro à ne pas creuser le déficit budgétaire au-delà de 3% du PIB[1] ce qui signifie bien une marge de manœuvre très étroite.

---

[1] Et une dette publique inférieure à 60% du PIB

Chapitre 5 - DES POLITIQUES STRUCTURELLES : L'ÉTAT STRATÈGE

Introduction

Si la politique conjoncturelle (à travers la question budgétaire) est très médiatisée, elle ne saurait résumer l'action de l'État.

En effet, l'État, par son étendue (administrations centrales, administrations territoriales et de sécurité sociale) dispose d'une grande variété de moyens d'action pour transformer durablement le visage de la France.

L'horizon temporel s'éloigne alors du court terme et les décisions engagent la Nation pour de nombreuses années voire des décennies.

Parce qu'il s'agit de transformations profondes et durables pour l'économie et la société, il convient alors de parler de politiques structurelles.

L'objectif de ce chapitre est de recenser et analyser ces principales politiques.

1. L'État planificateur :

1.1. Les origines de l'idée de planification à la française :

L'idée d'une planification de l'économie n'est pas française et n'est pas récente. En réalité, l'URSS de Staline s'était, dès les années 20, donnée une planification autoritaire[1].

Dans l'entre-deux guerres, Henri de MAN[2] fut aussi l'initiateur du « *courant planiste* » :

---

[1] Construite par le GOSPLAN: organe de l'administration soviétique chargé de l'élaboration de plans très détaillés

[22] Henri de MAN (1885-1953), de nationalité belge, fut professeur de psychologie sociale, vice-président du parti ouvrier belge (P.O.B.). Après s'être éloigné du marxisme, il élabora un « Plan du travail », adopté en 1933 par son

c'est-à-dire la promotion d'une planification indicative.

Mais c'est à partir de1945 que l'on vit des grands pays comme la France s'orienter vers la voie de la planification[1].

Par un décret du 3 Janvier 1946, le Président du Conseil, le général de GAULLE, dans le cadre du Gouvernement[2] Provisoire de la République française (GPRF), instaure le Conseil du Plan et le Commissariat au plan[3].

L'élaboration de plans nécessitait de bonnes connaissances des agrégats économiques. Cela fut rendu possible grâce aux efforts de fonctionnaires comme Claude GRUSON[4], à l'origine de la comptabilité nationale.

Jean Monnet[5], premier commissaire au plan invita alors tous les partenaires sociaux dans le cadre de commissions de modernisation avec une organisation très consensuelle :

Le schéma présenté ci-dessous montre les liens entre les acteurs de la planification :

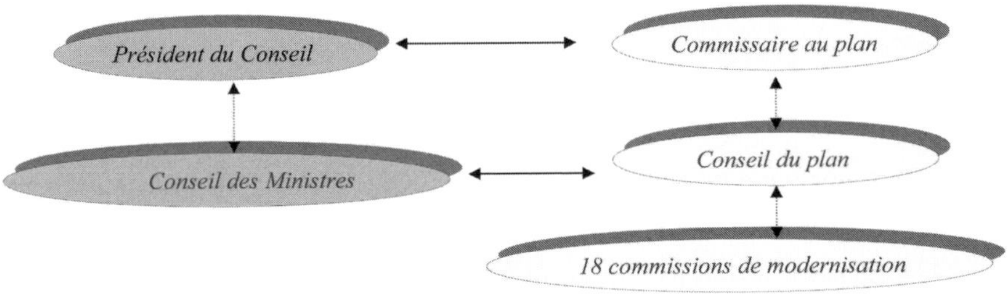

1.2. La chronologie des plans[6] :

a) Les plans de reconstruction

Ier plan : (1947-1950) : plan de modernisation et d'équipement :

Dans un contexte de reconstruction et de pénurie, les objectifs étaient tout naturellement :

---

parti. Il s'agissait de construire une économie mixte combinant un secteur public (constitué des sociétés de crédit, des industries de base, des transports en commun) et un secteur privé. On envisageait aussi de planifier l'économie nationale c'est-à-dire, de soumettre les secteurs publics et privés à des directives d'intérêt général afin d'assurer la croissance, le développement. Enfin, ces mesures devaient s'accompagner d'une réforme substituant le conseil économique et social au Sénat.

1 Ce fut aussi le cas des Pays-Bas sous l'impulsion de l'économiste Jan TINBERGEN (1903-1994 ; prix Nobel d'Economie en 1969) qui dirigea dès 1945 le bureau central de la planification. Le plan était considéré comme un moyen au service du bien-être social.

2 Gouvernement d'ailleurs marqué par une forte présence de ministres communistes.

3 Installé dans l'Hôtel de Vogüé (18, rue de Martignac à Paris).

4 Claude GRUSON (1910-2000), inspecteur des finances dans l'entre-deux guerres, chef du service des études économiques, organisa la comptabilité nationale en 1949 avant d'être directeur de l'INSEE dans les années 60.

5 Jean MONNET (1888-1979), haut fonctionnaire au service des alliés pendant la guerre, mais aussi homme d'affaires, il est considéré comme l'artisan de la planification et le « père » de l'Europe.

6 Voir à ce sujet le site internet du gouvernement: www.plan.gouv.fr/mission/historique.php

- D'améliorer le niveau de vie de la population, assurer l'alimentation dans une période où l'approvisionnement est encore soumis aux tickets de rationnement.
- De moderniser 6 secteurs clés : charbon, électricité, acier, ciment transports[1], équipement, machine agricole.

Ce plan s'accompagna d'une vague importante de nationalisations : en 1948, 3 millions de salariés travaillaient dans des entreprises publiques. Celles-ci fournissaient 14% de la production industrielle.

En outre, l'aide MARSHALL[2] permit de financer les grands investissements (en 1948, 50% des investissements productifs sont payés par l'État).

Parce que les objectifs étaient limités en nombre mais aussi grâce au consensus autour de ce plan de « reconstruction », les résultats furent largement atteints.

Ce plan, « Jean Monnet », prolongé jusqu'en 1952, fut donc une vraie réussite : il reste dans la mémoire collective, le symbole du succès de l'économie concertée. La France allait pouvoir entrer dans les Trente glorieuses.

***II*^e^ plan :** (1954-1957) :

Etienne HIRSCH (1901-1994), commissaire au plan depuis 1952, conduisit ce nouveau plan. Notons qu'à partir de juillet 1954, le commissariat au plan fut rattaché au ministère du budget.

Le contexte politique était alors difficile : instabilité des gouvernements dans cette IVe République, guerre coûteuse en Algérie et déficits des comptes extérieurs.

La reconstruction de l'économie restait une priorité. L'accent est mis aussi sur une amélioration de la production, une meilleure utilisation des ressources matérielles et humaines et un effort important dans la recherche scientifique[3] et technique.

Les résultats de ce 2e plan furent très positifs.

***III*^e^ plan** : (1958-1961) :

Pierre MASSE (1898-1987), commissaire au plan de1959 à 1966 appliqua ce troisième plan en ce début d'une Ve République voulue par le nouveau Président de la République, le général de GAULLE. La fin des années 50 est encore sous le signe des difficultés politiques (guerre d'Algérie) et monétaires (déséquilibres extérieurs et inflation).

---

1 Des industries comme les Automobiles Peugeot étaient largement détruites, le matériel avait d'ailleurs été partiellement transféré en Allemagne pendant l'occupation.

2 Le 5 juin 1947, le secrétaire d'État américain George MARSHALL (1880-1959) proposa, lors d'un discours à Harvard, une assistance économique et financière: il s'agissait de l'European Recovery Program (ERP) plus connu sous le nom de « plan Marshall ». 16 pays acceptèrent, dont la France. Celle-ci obtint entre 1948 et 1952 un don d'environ 2,5 milliards de $ et un prêt de 200 millions.

3 Le Centre National de la Recherche Scientifique (*CNRS*) a été créé 19 Octobre 1939 par un décret signé par le Président de la République Albert LEBRUN.

Ce plan fut marqué aussi par l'ouverture des frontières : la France fait partie de la Communauté Economique Européenne[1].

La France doit donc s'adapter à la concurrence de pays développés alors que le mouvement de décolonisation la prive progressivement de ses marchés captifs.

Planifier est alors, pour le général de GAULLE, ***« un ardente obligation »***.

Les objectifs de ce plan (+20% de croissance en quatre ans tout en maîtrisant l'inflation et les équilibres extérieurs[2]) étaient à priori ambitieux, mais furent largement réalisés !

Afin d'élaborer une planification indicative de plus en plus efficace, l'État décida en 1961 la création du CEPREL (Centre d'Etudes de la Prospection Economique à Moyen et Long terme) ainsi que celle du CERMAP (Centre de Recherche Mathématiques pour la planification). La planification se fait alors avec des modèles mathématiques de plus en plus sophistiqués.

b) Les plans de croissance

IVe plan (1962-1965) : le plan du développement économique et social.

C'est le plan d'une France « heureuse », où le chômage n'existait pas avec une croissance toujours plus forte. En outre, les « accords d'Evian », signés le 18 Mars 1962, mirent fin à la guerre d'Algérie : cela se traduisit notamment par le retour de plus d'un million de Français en métropole.

Si le retour massif des rapatriés se heurta dans un premier temps à une certaine hostilité dans le sud de la France, il fut aussi par la suite un facteur de dynamisme économique.

C'est à cette époque aussi que les Français entrèrent vraiment dans l'ère de la consommation de masse : équipement en automobiles, télévision, machine à laver… Cela n'excluait pas pour autant des disparités sociales (persistance d'une grande pauvreté même aux portes de Paris) et géographiques (des régions restent très enclavées).

Les objectifs furent de fait :

- Soutenir la croissance (+24% en 4 ans)
- Développement des équipements collectifs[3] (+ 50% en 4 ans)
- Correction des inégalités sociales : il s'agit de mieux répartir les fruits de la croissance.
- Correction des inégalités régionales

On note plusieurs innovations institutionnelles :

- Le IVe plan est soumis, pour la première fois, au vote du Parlement (loi du 4 Août 1962).

---

[1] Le Traité de Rome est signé le 25 Mars 1957: il institue la CEE et l'EURATOM (communauté européenne de l'énergie atomique). 6 pays y participent alors: la France, l'Italie, le Luxembourg, la Belgique, les Pays-Bas et la RFA.

[2] Les actions menées par le ministre des finances en 1958, Antoine PINAY(1891-1994), avec les conseils d'un expert, Jacques RUEFF(1896-1976). Ces hommes préparèrent le passage au nouveau Franc décidé en 1958, effectif en 1960.

3 La France connaît encore un vrai baby-boom (jusqu'en 1964) ce qui justifie des efforts d'équipements collectifs.

- Le commissariat général du plan est placé sous l'autorité directe du Premier ministre (1962)
- En 1963, création de la DATAR : Délégation à l'aménagement du Territoire et à l'Action Régionale.
- Création du conseil supérieur du plan.
- Consultation du conseil Economique et Social[1] sur les grandes orientations

V^e^ plan (1966-1970) :

Mené par les commissaires au plan François-Xavier ORTOLI puis en 1968 René MONTJOIE, ce V^e^ plan est marqué par la volonté de favoriser un essor industriel et un progrès social tout en limitant les tensions inflationnistes.

Ainsi, le plan contient des objectifs d'évolution des prix (l'inflation ne devant pas excéder 1,5%) et des revenus. Pour appuyer cette volonté, les indications de croissance sont données en valeur (ce qui inclut donc l'effet des prix).

L'État souhaitait aussi favoriser la constitution de grands groupes industriels, c'est l'heure des **« champions nationaux[2] »** susceptibles de faire face à la concurrence internationale. L'objectif est de doter le pays d'un ou deux groupes par secteur ce qui impliquait des concentrations industrielles. C'est donc avec le regard bienveillant de l'État que des groupes comme BSN[3] se développèrent.

L'aide publique était soumise à des conditions de réorganisation comme dans la sidérurgie : il ne reste en 1966 que 3 groupes : Wendel-Sidélor, Denain nord-est et Creusot –Loire.

La France souhaite aussi se doter d'une industrie dans le secteur de l'électronique et l'informatique (« plan calcul » en 1966) d'où la création de la **CII**[4] en 1967.

Signalons encore la concentration dans l'aéronautique avec la naissance de la **SNIAS**[5] et de très beaux résultats comme l'avion supersonique *Concorde.*

Mais cette fin des années 60 fut malgré tout marquée par le choc de mai 68. Le dérapage des prix et des revenus devint rapidement préoccupant : le Smig horaire, fixé à 2,03 francs en 1967, passa à 2,66 francs en 1968[6] (+31% !) et l'inflation passa la barre des 5% en 1968.

La fuite des capitaux et le déséquilibre de la balance commerciale entraînèrent une dévaluation du franc en 1969 de 11,2%.

---

[1] Le rôle du Conseil Economique et Social (installé au palais d'Iéna à Paris) peut être résumé par l'article 1er de l'ordonnance du 29 décembre 1958: « par la représentation des principales activités économiques et sociales, le Conseil favorise la collaboration des différentes catégories professionnelles entre elles et assure leur participation à la politique économique et sociale du Gouvernement »

[2] Idée chère du général de GAULLE

[3] BSN: groupe constitué par la fusion en 1966 des industries Boussois et Souchon-Neuvesel spécialisées dans le verre. Son patron, Antoine RIBOUD tenta une OPA sur l'autre verrier français St Gobain, mais sans succès. À partir de cette date, BSN se réorienta vers l'agroalimentaire.

[4] CII: La Compagnie Internationale pour l'Informatique est le résultat de fusions de sociétés existantes.

[5] SNIAS: Société Nationale d'Industrie AéroSpatiale née en 1970 de la fusion entre Sud aviation, Nord aviation et de la SEREB.

6 Ce sont les « Accords de Grenelle », signés le 27 mai 1968 (au ministère du travail situé rue de grenelle) qui ont abouti à l'augmentation importante du Smig

VIe plan (1971-1975) : L'impératif industriel

Il fut mené d'abord par René MONTJOIE puis Jean RIPERT (à partir de 1974).

Le contexte économique est marqué, jusqu'au 1er choc pétrolier, par une croissance forte.

L'objectif de ce plan est d'en maintenir le taux à +6% /an en moyenne et de préparer l'avenir en donnant la priorité à l'industrialisation ce qui passe par des restructurations.

On donne aussi une plus grande importance aux équipements collectifs comme l'accès généralisé des Français au téléphone et le développement du réseau autoroutier avec le soutien du Président de la République Georges POMPIDOU[1].

Ce plan vise aussi à limiter l'inflation, véritable fléau en ce début des années 70 (+6,2% en 1971, +8,5% en 1973 et +15,2% en 1974).

Ce plan se heurte au choc pétrolier : le prix du baril de pétrole passe de 3$ en Septembre 1973 à 12$ à la veille de Noël soit un quadruplement. Non seulement la facture énergétique s'envole, mais la croissance s'effrite (+ 5,8% en 1973, +3% en 1974 et -0,9% en 1975).

L'industrie française commença alors à souffrir d'un cruel manque de compétitivité. L'exécution de ce VIe plan fut, de fait, compromise.

c) Les plans de crise

*VIIe* **plan** (1976-1980) :

Engagé par le commissaire au plan Jean RIPERT, ce plan fut conduit à partir de 1978 par Michel ALBERT[2]. Le Centre d'Etudes Prospectives et d'Informations Internationales (**CEPII**) est créé en 1978.

Un contexte de crise économique : flambée des cours du pétrole, désordre monétaire international[3] et une explosion du chômage[4] ne permettent plus de respecter les nombreux objectifs chiffrés. On s'oriente désormais plutôt vers une planification plus adaptable.

Remarquons la volonté de mettre en œuvre un nombre limité de Programmes d'Actions Prioritaires (PAP) pour un montant de 110 milliards de francs (17 milliards d'€).

*VIIIe* **plan** (1981-1985) :

Avec le changement de majorité au Printemps 1981, le plan préparé n'est finalement pas présenté au Parlement et n'est pas appliqué : il est mort né.

---

1 Georges POMPIDOU (1911-1974), Président de la République (1969-1974) et grand amateur d'automobiles déclarait d'ailleurs en 1970: « il faut adapter la ville à l'automobile »

2 Michel ALBERT (né en 1930) a notamment écrit en 1991, Capitalisme contre capitalisme, ouvrage très éclairant sur le débat relatif aux deux modèles de capitalisme: « rhénan » et « néo-américain ».

3 En 1976, les accords de la Jamaïque instituent le principe du régime de change flottant, c'est la fin officielle du système de Bretton Woods.

4 Le taux de chômage est de 4,5% en 1976, 6,4% en 1980 !

Par contre, on assiste à la volonté du nouveau gouvernement de mettre l'accent sur la planification. Il s'agit, pour le gouvernement socialiste (et communiste) de Pierre MAUROY, de montrer que l'on peut sortir de la crise par des moyens « non-libéraux ».

Ainsi, très rapidement, un nouveau commissaire au plan, Hubert PREVOT, est nommé ainsi qu'un ministre d'État chargé du plan et de l'aménagement du territoire : Michel ROCARD.

Un plan intérimaire (1982-1983) :

L'objectif est la relance de la consommation, mais il s'avère peu efficace. Il est donc nécessaire de préparer un nouveau plan d'autant que le gouvernement a fait le choix du « virage de la rigueur » (recherche des équilibres internes et externes mais aussi la défense du franc dans le Système Monétaire Européen).

Par ailleurs, la loi du 29 juillet 1982 instaure

- Les principes de Programmes Prioritaires d'Exécution (PPE).
- Des contrats de plans signés entre l'État - représenté par le Préfet de Région - et les Régions, sous l'autorité du président du Conseil Régional, dans le cadre de la loi relative à la décentralisation du 2 mars 1982[1] : « loi Defferre ».
  Les régions deviennent co-décisionnaires dans l'élaboration des plans : il s'agit de rapprocher la politique nationale des citoyens.

***IX*^e^ plan** (1984-1988) :

Trois commissaires au plan se succèdent : Hubert PREVOT puis Henri GUILLAUME (en 1984) et enfin Bertrand FRAGONARD pour la période 1987-1988. Gaston DEFFERRE est alors ministre d'État chargé du plan.

Les objectifs fixés sont alors :

- La maîtrise de l'inflation par une progression contenue des salaires.
- Rattraper les retards technologiques face à une ouverture toujours plus grande de l'économie.
- Restaurer le taux de marge des entreprises pour les inciter à investir.

Ce plan a bénéficié de 73 milliards de francs (plus de 11 milliards d'€).

d) La planification stratégique

***X*^e^ plan** (1989-1992) :

Pierre-Yves COSSE mène ce plan marqué par la préparation à l'entrée de la France dans le Marché Unique[2] (1992).

1 Gaston DEFFERRE (1910-1986) fut ministre de l'Intérieur et de la décentralisation de 1981 à 1986

2 En 1986, la France a signé « l'Acte Unique » qui prévoit la construction d'un grand marché à l'horizon 1992: à cette date, les biens, les services, les capitaux et les Hommes pourront circuler librement au sein de la CEE.

Rendre le plan cohérent avec l'environnement international devient alors une véritable nécessité. Les travaux de préparation de ce plan tiennent compte des rapports de la Commission européenne, de l'OCDE mais aussi des instituts privés de prévision.

Désormais, le plan est moins un recueil de programmes d'actions prioritaires mais plutôt une réflexion sur la stratégie à choisir pour entrer dans le XXIe siècle. En même temps, l'État se dote de moyens pour mieux évaluer les effets des plans.

Les contrats de plan sont renforcés grâce à des financements qui progressent de 25%.

***XIe* plan** (1992-93) *:* il reste à l'état de projet, le gouvernement installé après les élections législatives de 1993 ne souhaitant pas l'appliquer.

À partir de cette date, la planification indicative « *à la française* » est en crise. Il est devenu clair pour tous que vouloir planifier dans le cadre de la mondialisation est vain : les chocs externes sont nombreux, imprévisibles[1].

Cependant, l'absence de plan susceptible d'orienter la politique économique et sociale de l'État n'a pas remis en cause l'existence du commissariat au plan. Les commissaires au plan se succèdent :

1992-95 : Jean-Baptiste de FOUCAULD ; 1995-98 : Henri GUAINO ; 1998-2003 : Jean-Michel CHARPIN ; 2003-05 : Alain ETCHEGOYEN ; 2005-06 : Sophie BOISSARD.

Le Centre d'analyse stratégique[2] remplace depuis le 7 mars 2006 le commissariat du plan. Son siège est celui de l'ancien commissariat au plan[3].

D'abord sous la direction d'abord de Sophie BOISSARD, le Centre est rattaché en 2007 au Secrétaire d'État à la prospective et à l'évaluation des politiques économiques, Eric BESSON.

Les rapports émis par ce Centre ont pour objectif d'éclairer les grandes orientations stratégiques en matière économique, sociale, environnementale ou culturelle.

À ce titre, le Centre s'appuie sur les informations, rapports d'organismes spécialisés comme le CEPII.

L'objectif est aussi de prendre en compte les décisions européennes voulues lors du sommet de Lisbonne en mars 2000 :

La stratégie de l'Union Européenne est de mettre en place :

- Une « société de la connaissance » pour tenir compte à la fois de la mondialisation et des nouvelles technologies. Cela suppose donc des efforts dans la recherche, l'innovation, les technologies de l'information.

---

[1] Il suffit pour s'en convaincre de rappeler les conséquences économiques et politiques des attentats du 11 Septembre.

[2] Les rapports, recommandations et avis du Centre d'analyse stratégique sont rendus publics.

[3] Hôtel de Vogüé: 18, rue de Martignac, 75007 Paris ; voir le site web: http://www.strategie.gouv.fr/

- Moderniser le « modèle social européen » en réformant le système de protection sociale : il s'agit de faire face au vieillissement de la population et de lutter contre l'exclusion.
- Maintenir un dosage des politiques macroéconomiques aux fins d'une croissance durable.

1. L'État patron :

2.1. Des repères historiques :

a) Dans l'Antiquité romaine, les Empereurs agissaient parfois directement sur l'activité[1] économique. Auguste (-63 ;14 ap. J-C) imposa le monopole d'État sur les mines. Avec Dioclétien (245; 313), on vit à Carthage une vraie usine de tissage sous le contrôle direct de l'État. À la même époque, les gouvernements de Byzance conduisent une véritable économie d'État : les artisans sont devenus des « fonctionnaires ».

b) Sous le règne de Louis XIV, Colbert[2] n'a cessé de renforcer le rôle de l'État en pratiquant un mercantilisme industriel. Il s'agit d'exceller dans la production de biens de luxe notamment.

Pour y parvenir, on fait venir[3] les meilleurs ouvriers, parfois de l'étranger[4], dans des manufactures d'État ou royales désormais célèbres :

- Manufacture Royale des Gobelins, qui produit des meubles, tableaux et tapisseries.
- Manufacture des glaces de miroirs Saint–Gobain, créée en 1665 (aujourd'hui un des groupes verriers leaders mondiaux dans la fabrication de verre).
- Manufacture Royale de cordage de Rochefort
- Manufacture Royale d'Aubusson (tapisseries)

En réalité, la liste des manufactures Royales sur lesquelles l'administration de Colbert exerçait un contrôle souvent étroit était bien plus longue.

Colbert créa aussi à partir de 1664 plusieurs Compagnies chargées du commerce maritime comme la Compagnie des Indes occidentales, la Compagnie du Levant. (Les capitaux nécessaires étaient en partie privés mais aussi publics).

Quant aux résultats, ils furent bien mitigés : la France ne profita pas véritablement de l'impulsion donnée par Colbert[5], elle resta un pays marqué par l'agriculture et le poids des traditions.

Par la suite, Louis XV et Louis XVI favorisèrent encore le développement de l'industrie

---

[1] Parfois avec violence. Ainsi, l'empereur Tibère (-42;37ap. J-C) aurait fait supplicier un verrier qui fabriquait du verre incassable afin de maintenir l'usage de la vaisselle d'or et d'argent.

[2] Jean-baptiste COLBERT (1619-1683), Conseiller d'État, Contrôleur général des finances, Secrétaire d'État à la marine, au commerce et à la maison du Roi.

[3] Par contre, Colbert interdit le départ des ouvriers français les plus adroits.

[4] C'est l'exemple des verriers Italiens de Murano (le but était alors de percer le secret de la fabrication des glaces de Venise ce qui peut être qualifié d'une véritable forme d'espionnage industriel).

[5] *Cf* l'ouvrage *Louis XIV* de Jean-Christian Petitfils 2002 Perrin.

en créant, ou en attribuant le titre de Manufacture Royale à d'autres activités.

On retiendra quelques exemples : les Manufactures de Sèvres, de Limoges (porcelaine) ; la manufacture royale de Saint Louis (verre), de Saint Etienne (armes), la Manufacture Royale de draps fins à Sedan, la Manufacture Royale de goudron des Landes, la Manufacture Royale d'horlogerie de Bourg-en-Bresse ou encore celle de cire à Antony....

2.2. L'élargissement du secteur public au XXe siècle

Depuis la Révolution française, la notion de Manufacture Royale a disparu, mais l'État dispose toujours du contrôle d'entreprises publiques :

Elles font partie, comme les administrations publiques, du **secteur public**.

Les entreprises publiques sont gérées comme des entreprises privées. La vente de biens et services marchands permet de dégager un profit mais, à la différence du secteur privé, ce n'est pas l'objectif prioritaire.

Elles sont avant tout, chargées d'une mission de **service public**.

Il faut distinguer :

- Les Sociétés Anonymes (**SA**) à capitaux majoritairement publics (l'État détient au moins 51% du capital) comme AREVA (par le biais du CEA), Aéroport de Paris (ADP), EDF ...
- Des **E**tablissements **P**ublics à **C**aractère **I**ndustriel et **C**ommercial (**EPIC**) : Ces établissements ne peuvent avoir qu'une **mission de service public**. Quelques exemples célèbres : la Régie Autonome des Transports Parisiens (**RATP**)[1], la SNCF, la Poste, l'Opéra national de Paris, le Commissariat à l'Energie Atomique (CEA), l'Institut National de l'Audiovisuel (INA).

L'élargissement du secteur public au XXe siècle s'est faite en plusieurs étapes et pour des raisons variées :

a) À fin de la Grande Guerre : le retour à la France de l'Alsace-Lorraine se traduit par la confiscation des mines de potasse d'Alsace (détenues par une société allemande) et la nationalisation : elles deviennent les Mines De Potasse d'Alsace (**MDPA**). Pour la même raison, naissance en 1919 de la Compagnie des Chemins de Fer d'Alsace-Lorraine qui est sous la tutelle directe de l'État.

On crée aussi en 1924 de l'Office National Industriel de l'Azote (ONIA) plus connu sous le nom actuel d'AZF[2] (AZote Fertilisante). En renflouant la Compagnie Générale Transatlantique en 1933, l'État prend aussi le contrôle d'un secteur important : le transport maritime.

---

[1] La notion de régie correspond au mode de gestion: il peut s'agir d'une régie simple (le service à la collectivité est assuré par le personnel de celle-ci) ou d'une régie autonome (l'établissement dispose d'un conseil d'administration, d'un directeur).

[2] Entreprise devenue tristement célèbre depuis l'explosion de l'usine de Toulouse en 2001.

b) Le poids de 1936 :

L'arrivée du Front populaire au pouvoir se traduit par un développement du contrôle de l'État[1] à la veille de la guerre :

- Nationalisation des industries d'armement : les « marchands de canons » sont, à partir de la loi du 11 août 1936, sous le contrôle de l'État. Les fabrications sont soumises à une licence, voire nationalisées[2].
- Contrôle de la Banque de France : par la loi du 24 juillet 1936, des Conseillers, désignés par l'État, remplacent les régents dans la gestion de la Banque. En outre, l'Assemblée générale n'est plus composée simplement des fameuses « 200 familles[3] ». C'est l'ensemble des actionnaires (ils sont alors 40000) qui obtient un droit de vote.
- Par la loi du 15 août 1936, il est créé un Office National Interprofessionnel du Blé (**ONIB**) rassemblant les représentants des producteurs et des consommateurs.
- La loi du 31 août 1937 permet la nationalisation des 6 grandes compagnies existantes et aboutit à la création de la société Nationale des Chemins de Fer Français (**SNCF**) au 1er janvier 1938. À la différence des nationalisations évoquées jusqu'ici, l'État a été en fait contraint de prendre le contrôle des sociétés en raison de leurs grandes difficultés financières. D'ailleurs, les premières négociations pour un transfert de propriété dataient du début des années 30, bien avant l'arrivée du gouvernement BLUM[4] puis CHAUTEMPS[5].
- Création de la Régie Autonome des Pétroles (**R.A.P.**) en 1939 : Conscient de l'importance future du pétrole et de la nécessité d'une indépendance, l'État a créé cette régie pour exploiter les gisements du sud-ouest. À la suite de fusions ultérieures, la R.A.P. est devenu Elf Aquitaine.
- Création du Centre National de la Recherche Scientifique (CNRS) en 1939

Mais la volonté du Front populaire d'élargir le champ d'action de l'État n'a pas vraiment permis d'accélérer le processus de croissance. Pour qualifier la période, Alfred SAUVY parlait d'un « malthusianisme économique ».

D'autres comme Maurice NIVEAU[6] remarquent que si le plein emploi a pu être retrouvé, la production, en revanche, n'a pas retrouvé son niveau de 1929 : c'est bien l'atonie de la croissance qui caractérise les années 30.

c) Reconstruire et moderniser :

---

[1] cf *Histoire économique de la France dans l'entre-deux-guerres* d'Alfred SAUVY Economica 1984.

[2] Ce fut le cas, par exemple, des usines du Havre et de Nantes détenues par sociétés LATECOERE et BREGUET.

[3] Terme utilisé pour désigner les actionnaires, tous représentants des grandes entreprises françaises comme Rothschild, de Wendel, Worms…

[4] Léon BLUM (1872-1950), représentant de la SFIO (Section Française de l'Internationale Ouvrière) , fut Président du Conseil à plusieurs reprises (1936-1937 ; en 1938 et dans la période 1946-1947).

[5] Camille CHAUTEMPS (1885-1963), du parti radical, fut Président du conseil notamment dans la période (1937-1938)

[6] in *Histoire des faits économiques contemporains* Maurice NIVEAU , P.U.F. 1992

La fin de la seconde guerre mondiale est encore l'occasion d'approfondir la tutelle de l'État sur l'économie conformément au programme du CNR[1].

Le général de Gaulle, Président du GPRF (avec deux gouvernements successifs marqués par la présence significatives de ministres membres de la SFIO et du PC), conduit cette deuxième vague de nationalisations .

Le discours du général le 1er octobre 1944 à Lille montre clairement la ligne à suivre :

« ...Au point où nous en sommes, il n'est plus possible d'admettre ces concentrations d'intérêts qu'on appelle dans l'univers les trusts...(il faut) que la collectivité, c'est-à-dire l'État, prenne la direction des grandes sources de la richesse commune et qu'il contrôle certaines des autres activités sans bien entendu exclure les grands leviers que sont dans l'activité des hommes l'initiative et le juste profit.»

Les principales nationalisations dans la période 1945-48 :

- *Energie :* Charbonnages de France (houillère du nord et de Pas de Calais), **EDF-GDF**
- *Transport* : création de la Compagnie nationale **Air France** par la réunion d'entreprises aéronautiques (Air France, Air Bleu, Air France Transatlantique).
- *Industrie* : **Renault**, Gnome et Rhône (qui devient **SNECMA**[2] en 1945, aujourd'hui groupe SAFRAN)
- *Banques et autres institutions financières :* la **Banque de France**, la **Société Générale, le Crédit Lyonnais**, la Banque nationale d'escompte et de l'industrie, le Comptoir national d'escompte de Paris (ces deux dernières ont fusionné en 1966 pour former la Banque Nationale de Paris), le Crédit national et le réseau du Crédit Agricole, celui du Crédit Populaire (direction assurée par la Chambre des Banques Populaires). Nationalisation aussi de la **Caisse des Dépôts et Consignations, du Crédit Foncier.**
- *Assurances :* nationalisation de 34 sociétés dont **l'Assurance Générale de France** (devenue AGF en 1968).

L'ampleur de ces nationalisations induit naturellement une augmentation sensible des salariés des entreprises du secteur public : 1,15 million en 1947 soit 5,8% de la population active.

En 1955, le secteur public réalise plus de 11% de la valeur ajoutée nationale et 34% des investissements.

d) La vague de 1981-82 : entre idéologie et choix stratégiques

Avec l'élection de François Mitterrand à la Présidence de la République, c'est un gouvernement composé de socialistes et de communistes qui a imposé une longue liste de nationalisations ou prise de contrôle :

---

[1] Le Conseil National de la Résistance fut créé en 1943 afin de fédérer les mouvements de résistants. Il s'agissait aussi de prévoir un programme d'actions économiques et sociales à mener à la fin de la guerre. On prévoyait notamment la nationalisation des services publics, des entreprises en situation de monopole et des sociétés de crédits.

[2] SNECMA: Société Nationale d'Etude et de Construction de Moteurs d'Avion.

- Industries : Nationalisations de la Compagnie Générale d'Electricité (CGE), Saint Gobain, Péchiney-Ugine-Kuhlmann (PUK), Rhône Poulenc, Thomson-Brandt. Prise de contrôle de Matra, Avions Dassault, Usinor-Sacilor, ITT France, CII-Honeywell-Bull, Roussel Uclaf.
- Banques et autres institutions financières : 39 banques dont Paribas, Suez, groupe CIC, CCF, Crédit du nord.

Cette politique est originale[1], mais conforme à l'idéologie d'inspiration marxiste de certains membres du gouvernement Mauroy[2] : « l'essentiel du système productif doit être dans les mains de l'État, seul garant de l'intérêt général ».

On considère aussi que le capitalisme privé est déficient, incapable de sortir la France de la crise. L'objectif est donc stratégique : l'État se donne les moyens de faire des choix industriels plus judicieux.

Les conséquences sont alors multiples :

- Les effectifs des entreprises du secteur public dépassent (en 1983) 1800 000 personnes soit 7,8% de la population active (et 10,3% de l'emploi salarié total)
- Les entreprises publiques réalisent environ 35% de l'investissement de l'ensemble de l'activité (hors agriculture)
- Elles dégagent 20% de la valeur ajoutée totale des entreprises.
- En nationalisant les grandes banques et sociétés d'assurance, l'État devient aussi un actionnaire indirect de bien des entreprises privées.
- Le secteur public total (fonction publique et entreprises publiques) dépasse alors le seuil de 6 500 000 agents en 1985 pour une population active totale de 24 122 000 (soit 27%).

Des résultats très mitigés :

La tutelle de l'État sur l'économie n'a pas permis le redressement de la situation économique. La politique de « Franc fort » pousse les entreprises à se désendetter (remontée des taux d'intérêt à long terme : 9,5% en 1979, 15,69% en 1982 et 12,54% en 1984).

À partir du 1982-83, c'est aussi le « virage de la rigueur » : le gouvernement socialiste favorise le principe de la désindexation des salaires sur les prix.

Dès lors, la croissance des rémunérations se ralentit. Par contre, le taux de marge des entreprises s'améliore sans que l'Investissement reparte à la hausse.

Les entreprises, au contraire, se désendettent et les épargnants s'enrichissent « en dormant ».

---

[1] Originale en effet, puisqu'au même moment , plusieurs grandes puissances économiques (USA,GB) choisissent au contraire une voie très libérale marquée par un recul de l'État (opérations de privatisations, baisse des impôts)

[2] On pourra consulter à ce sujet son discours de politique générale (8 juillet 1981) sur le site internet: www.vie-publique.fr/ à la rubrique: collection de discours publics

	1980	1982	1984
Croissance	+1,4%	+2,5%	+1,5%
Investissements	+4,9%	+0%	-2,6%
Taux d'autofinancement	61,7%	57,6%	74,4%
Pouvoir d'achat des ménages	-0,1%	+2,5%	-0,7%
$\frac{\text{salaires}}{\text{valeur ajoutée}}.100$	68%	69%	66%

Source : d'après des données de l'Insee

Il est patent aussi que l'élargissement du secteur public est révolu.

L'État, devenu un grand capitaine d'entreprises, ne parvient plus à donner le cap dans une économie toujours plus ouverte, secouée par les chocs exogènes et une compétition plus vive.

En résumé, l'État a développé un secteur d'entreprises publiques pour des motifs qui tenaient à la fois l'idéologie (au nom de l'intérêt général) que de la stratégie (orienter les efforts d'investissement, créer des activités performantes).

Mais, à partir des années 1986-87, les gouvernements successifs (de gauche comme de droite) font marche arrière.

2.3. Des entreprises publiques à vendre :

En 1986, les élections législatives donnent une majorité aux partis de droite. Le Président Mitterrand est contraint à désigner un Premier ministre soutenu par cette majorité parlementaire : Jacques Chirac. À partir de cette date, l'État a engagé un long processus de privatisations[1].

a) Entre stratégies et contraintes :

Les principales raisons du mouvement de privatisations :

- La recherche d'une plus grande efficacité : les entreprises privées seraient plus efficaces : la crainte d'une faillite est stimulante (les entreprises publiques ne vivent pas dans la même crainte : elles ne craignent pas la faillite).
- Le poids de l'idéologie libérale très en vogue dans les années 80 : l'idée d'un recul de l'État est alors le crédo des hommes politiques[2] qui se justifient en se référant à des économistes[3] célèbres. On considère aussi que l'actionnariat populaire est la clef de l'avenir. Les Français ont d'ailleurs largement répondu à ces offres de privatisation.

---

[1] On appelle privatisation d'un entreprise publique le transfert de propriété vers des actionnaires privés. Le désengagement de l'État peut être **total ou partiel** (volonté de maintenir un certain contrôle)

[2] En France, c'était le cas d'Alain Madelin, Gérard Longuet ou encore Alain Carignon

[3] Notamment des économistes de la « société du Mont pèlerin »: Friedrich von Hayek (1899-1992, auteur de *la route de la servitude*), Pascal Salin, Milton Friedman, George Stigler..

- Des rentrées fiscales bienvenues : C'est l'Agence des Participations de l'État (AP.E.)[1] qui assure le suivi des entreprises publiques (dont la marge bénéficiaire était de 8,6% en 2005) et les privatisations.
- Ainsi, avec la vente totale ou partielle d'entreprises, l'État a obtenu des recettes budgétaires importantes :

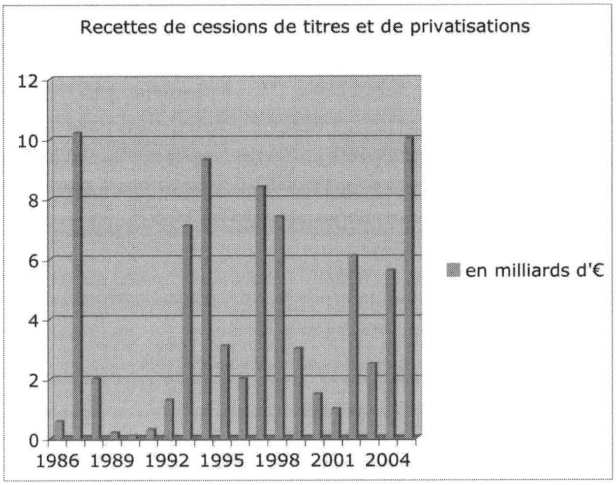

Source : APE

En 20 ans, le cumul atteint 81,7 milliards d'€

- Faciliter la réorganisation du tissu économique : la mondialisation pousse les entreprises publiques à s'unir à des entreprises privées françaises ou étrangères pour atteindre une « taille critique ».
  L'État ne peut plus, seul, aider les entreprises à se préparer à la mondialisation[2]. Cela implique alors que des prises de participations soient possibles. La privatisation, avec la mise sur le marché boursier d'une partie du capital en est le moyen.

b) Les grandes étapes :

La 1ère vague : les lois du 6 Août et 30 septembre 1986 précisent une première liste d'entreprises concernées :

Secteur d'activité	Entreprises
Industrie	St Gobain ; CGE ; Matra ; Alcatel-Alsthom
Communication -média	Havas ; TF1 ;
Banques - Assurances	Cies financières de Paribas, de Suez ; C.I.C ;Société Générale ; Mutuelle générale française ; Crédit agricole

[1] Voir le site web: www.ape.minefi.gouv.fr/

[2] En 1986, la France a signé « l'Acte Unique » qui prépare le principe d'un grand marché au 1er janvier 1993. À cette date, les entreprises françaises sont soumises à une concurrence européenne beaucoup plus forte.

Cependant, les opérations de privatisations ont été rapidement abandonnées pour les raisons suivantes :

- À la suite du krach boursier en octobre 1987 (il n'était guère envisageable de brader les entreprises publiques).
- Avec le retour au pouvoir des socialistes en 1988[1]. Cela a provoqué l'arrêt, pour des raisons idéologiques, de la vente des entreprises publiques. On entre alors dans la période du « ni-ni » c'est-à-dire ni privatisation ni nationalisation.

  Mais soulignons tout de même que l'État modifie en 1990 le statut de certaines entreprises comme les PTT[2] scindées en deux entreprises publiques : la Poste et France Télécom. La régie Renault devient une Société Anonyme à capitaux d'État. Ces transformations doivent permettre des privatisations ultérieures et des participations croisées (entre Renault et Volvo par exemple).

La 2e vague : la loi de juillet 1993[3] déclenche un nouveau mouvement de privatisations (cessions souvent partielles du capital) que le retour de la gauche au gouvernement (1997 - 2002) n'a pas ralenti.

Nous présentons ci-dessous une liste (non exhaustive) des opérations les plus importantes.

Banques-assurances	AGF ; BFCE ;(CNP) ; (CIC) ; Crédit Lyonnais ; GAN ; UAP ;BNP ; SMC.
Communication	France Télecom ; Thomson multimédia
Energie	EDF et GDF (privatisation partielle) ; Elf-Aquitaine ;
Industries	Aérospatiale (EADS) ; Rhône-Poulenc ; SEITA (aujourd'hui Altadis) ; Usinor-Sacilor ; Pechiney ; Bull ; Renault (ouverture du capital) ;SNECMA ;
Transports	Cie française de navigation rhénane ; Cie Générale Maritime (CGM) ;
	Aéroports de Paris ; Air France ; Autoroutes du sud
	DCNS (construction navale) ; SNCM (Société Nationale maritime Corse Méditerranée)

Les conséquences sont alors :

- Le nombre d'entreprises publiques, supérieur encore à 1500 en l'an 2000, est tombé à 1143 en 2005.

---

[1] En mai 1988, François Mitterrand est réélu président de la République. Les élections législatives donnent la majorité aux socialistes. Le Premier ministre Jacques Chirac cède alors sa place à Michel Rocard.

[2] Postes Télégraphe & Téléphone. Les PTT étaient autrefois un symbole de la présence de l'État dans les campagnes. Leurs fonctions ne se limitaient pas simplement au transport du courrier, aux télécommunications mais aussi à la gestion des Comptes Chèques Postaux (CCP).

[3] Nouvelle cohabitation en 1993-1995: les élections législatives ont donné à nouveau le pouvoir à la droite. Le Premier ministre nommé par le Président Mitterrand est Edouard BALLADUR

- La diminution du poids de la valeur ajoutée de ces entreprises publiques par rapport à l'ensemble : 25% en 1986, 11,5% en 2000 et 10% environ en 2005.
- Diminution aussi des effectifs comme le montre le graphique ci-dessous :

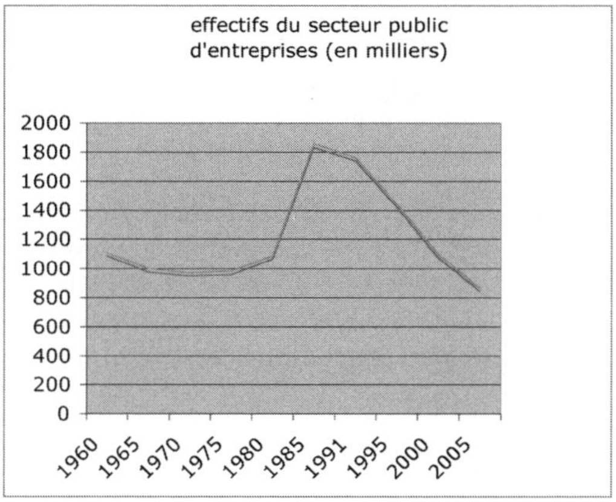

Source : d'après données Insee

On constate ainsi que depuis une vingtaine d'années, le poids de l'État dans les entreprises est en diminution. C'est une tendance longue et probablement irréversible.

L'argument ancien, mais fort, selon lequel les monopoles naturels avaient vocation à rentrer dans le giron de l'État n'est plus pertinent.

En effet, l'élargissement du marché, imposé par l'Europe, multiplie mécaniquement le nombre de concurrents et de fait, les situations de monopoles disparaissent progressivement.

C'est bien ce qui a justifié par exemple la privatisation partielle d'Air France en 1999.

Malgré tout, il serait naïf de croire à un désengagement total de l'État.

Un contrôle, parfois complet mais plus **souvent partiel** s'exerce toujours dans des secteurs d'activités très variés comme :

EDF, GDF,Air France-KLM, Areva, France Télécom, Thales, Safran, Eramet, Renault, EADS, aéroport de Paris, CNP, Banque postale, Nexter (GIAT), Charbonnages de France, Française des jeux, CDC, TDF, Radio France, RFI, RFF (Réseau Ferré de France), SNCF, RATP, La Poste.

3. L'État, un stratège dans la mondialisation

L'ouverture évidente des pays aux échanges de biens, de services, de capitaux et de personnes ne signifie pas pour autant l'incapacité de l'État à agir.

Dans cette économie toujours plus mondialisée, c'est bien l'État qui peut fixer « les règles du jeu ».

Contrairement à l'idée reçue d'une économie mondiale gouvernée par des firmes multinationales tentaculaires, l'État conserve de nombreux pouvoirs même « s'il ne peut pas tout[1] ».

Si la France, puissance moyenne, ne peut plus s'imposer aussi facilement sur la scène internationale qu'autrefois, son influence demeure[2] forte.

3.1. Le pouvoir de construire les relations internationales :

L'État dispose du pouvoir de négociation avec les autres nations :

Si l'État peut signer directement des traités avec un pays étranger, en réalité, les traités sont souvent préparés dans le cadre d'organisations internationales plus larges.

En France, la **Constitution de 1958** précise, dans le titre VI, les modalités de la signature et ratification des Traités :

Titre VI - Des traités et accords internationaux

Article 52 : *« Le Président de la République négocie et ratifie les traités. Il est informé de toute négociation tendant à la conclusion d'un accord international non soumis à ratification ».*

Article 53 : *Les traités de paix, les traités de commerce, les traités ou accords relatifs à l'organisation internationale, ceux qui engagent les finances de l'État, ceux qui modifient des dispositions de nature législative, ceux qui sont relatifs à l'état des personnes, ceux qui comportent cession, échange ou adjonction de territoire, ne peuvent être ratifiés ou approuvés qu'en vertu d'une loi. Ils ne prennent effet qu'après avoir été ratifiés ou approuvés. Nulle cession, nul échange, nulle adjonction de territoire n'est valable sans le consentement des populations intéressées ».*

Cela signifie donc, que la majeure partie des traités ou accords, sauf recours au référendum, soient soumis au Parlement (et étudiés par la commission des affaires étrangères) avant leur entrée en vigueur.

Quelques exemples, parmi beaucoup d'autres, de décisions en matière de politique étrangère :

- La décision du Général de GAULLE en 1966 de désengager la France de la structure militaire intégrée de l'**OTAN**[3] au nom de l'indépendance nationale.

---

[1] Le Premier ministre Lionel Jospin, confronté à la fermeture d'une usine Michelin en 1999, devait finalement avouer que: *« l'État ne peut pas tout »*.

[2] La présence de Français à la tête des grandes organisations internationales en est l'illustration: Dominique STRAUSS-KHAN au FMI, Jean-Claude TRICHET à la BCE, Pascal LAMY à l'OMC ou encore Jean LEMIERRE à la BERD (Banque Européenne pour la Reconstruction et le Développement).

[3] La France dispose à cette date du « feu nucléaire ». La France participait à **l'Organisation du Traité de l'Atlantique Nord (OTAN)** relative au Traité de l'Atlantique Nord signé le 4 Avril 1949. La sortie de la France en 1966 induit alors la fin de la présence de bases américaines en France.

- La signature du Traité sur l'Union Européenne, plus fréquemment nommé **Traité de Maastricht**, le 7 février 1992. Ce Traité a engagé les signataires (dont la France) à construire l'Europe monétaire.

L'État a alors engagé l'économie française dans la voie d'une Union Economique et Monétaire (**UEM**). La stratégie est fondée sur l'idée que l'usage d'une monnaie unique, l'Euro (€), présente plus d'avantages que l'inconvénient lié à la perte d'autonomie de la politique monétaire et le respect des 4 critères de convergence :

- Déficit budgétaire < 3% du PIB
- Dette publique < 60% du PIB
- Taux d'inflation ne dépassant pas de plus de 1,5% de la moyenne des taux des 3 États les plus performants
- Taux d'intérêt à long terme n'excédant pas de plus de 2% ceux des 3 pays ayant les taux d'inflation les plus bas).

Lors du Conseil européen des 21-23 juin 2007, les chefs d'État européens ont décidé de l'organisation d'une conférence intergouvernementale. Elle est chargée de rédiger un projet de **Traité simplifié**[1] établissant une **Constitution pour l'Europe**.

Entamés le 23 juillet, les négociations se sont achevées à la fin de l'année 2007. Il s'agit de mettre en forme le compromis obtenu lors du conseil européen.

Les dispositions de ce Traité concerneront la question de l'unification politique de l'Europe, mais aussi les problèmes de l'énergie, de l'immigration, de la sécurité, les limites de l'Europe ou encore les relations avec les USA. Ce Traité doit être ratifié avant 2009[2].

3.2. La politique commerciale :

Elle s'exerce par des décisions concernant les droits de douane, les droits anti-dumping, la fiscalité, les subventions ou encore les restrictions d'importations :

a) La politique en matière de droits de douane et droits anti-dumping :

En participant à l'UEM, l'État français s'est engagé à suivre la réglementation européenne. Cela signifie que pour les particuliers qui importent des produits de l'Union Européenne, il n'y a pas de droits de douane à payer (sauf pour certains produits dont le volume est limité : alcool, tabac..).

Pour des produits hors U.E., un droit de douane *ad valorem* s'applique sur la valeur CIF (valeur comprenant le coût d'achat, l'assurance et le transport) selon un Tarif Douanier Commun (T.D.C.).

Notons que des droits anti-dumping peuvent s'appliquer sur des produits en provenance de certains pays.

---

[1] Rappelons qu'un premier projet de Traité, établissant une Constitution européenne, n'avait pas été ratifié par tous les pays, notamment la France (2005).

[2] Cette ratification donne lieu à un débat assez vif: Le Président souhaite une ratification par le Parlement alors que la Constitution avait été rejetée en 2004 à la suite d'un référendum. Ne faut-il pas à nouveau consulter les Français par référendum ?

À titre d'exemple, nous présentons ci-dessous la décision prise en décembre 2006 concernant les importations de maïs doux en provenance Thaïlande.

Extrait du document des douanes[1] :

Société	Droit antidumping (%)	Code additionnel TARIC[2]
Karn Corn Co., Ltd, Bangkok, Thaïlande	4,3 %	A789
Malee Sampran Public Co., Ltd, Abico Bldg. Thaïlande	12,8%	A790
River Kwai International Food Industry Thaïlande	12,8%	A791

b) La politique fiscale : le taux de TVA et la question de la TVA sociale :

La France, comme les autres pays de l'Union Européenne, doit appliquer un taux de TVA minimal de 15% (il existe un taux réduit pour certains biens et services).

En 2007 :

PAYS	Taux	PAYS	Taux
Danemark	25	Grèce	19
Suède	25	Pays-Bas	19
Finlande	22	Roumanie	19
Pologne	22	Slovaquie	19
Belgique	21	Tchéquie	19
Irlande	21	Estonie	18
Portugal	21	Lettonie	18
Autriche	20	Lituanie	18
Bulgarie	20	Malte	18
Hongrie	20	Royaume-Uni	17,5
Italie	20	Espagne	16
Slovénie	20	Chypre	15
France	**19,6**	Luxembourg	15
Allemagne	19		

Moyenne U.E. : 19,4%

[1] Le document est consultable sur: http://www.douane.gouv.fr/data/file/4383.pdf

[2] **TARIC** correspond au tarif intégré de la Communauté européenne. Il est consultable dans une base de données grâce au site internet: http://www.douane.gouv.fr/appli/tarif/

L'Acte Unique a imposé en Europe le principe de l'application de la TVA du pays d'origine et non du pays d'entrée. Cela induit une concurrence fiscale : les pays à faible taux sont avantagés[1] dans les échanges.

L'État dispose aussi du pouvoir de mettre en place une « TVA sociale » dont nous avons présenté les principaux avantages et les limites dans le chapitre 2 consacré au budget.

Rappelons simplement qu'il s'agit d'augmenter le taux de TVA afin de financer la protection sociale.

Cela induirait aussi des effets sur les échanges : les produits importés deviendraient plus chers, modérant ainsi la concurrence de la part de pays qui n'ont pas de système de protection sociale aussi coûteux.

Mais la France n'est pas, en cette année 2007, décidée à la mettre en place. En effet, le rapport[2] présenté par Eric BESSON[3] invite à la prudence :

Extrait :

> *« Les simulations testent différents scénarios de modification des prélèvements sociaux. Les résultats, globalement convergents, montrent qu'une opération de type TVA sociale est favorable à l'emploi, sous certaines conditions, et notamment si la baisse des cotisations sociales est ciblée sur les bas salaires. La dispersion des résultats invite néanmoins à une certaine prudence, et montre la sensibilité des effets aux modalités de la mesure et aux hypothèses sur les comportements des acteurs. »*

c) La Politique d'attractivité :

Dans la compétition mondiale, il est essentiel aussi de favoriser l'implantation de firmes souvent multinationales. L'apport en capitaux et les gisements en matière d'emplois sont cruciaux.

L'État (administrations centrales mais plus souvent collectivités locales) peut alors mettre en place les ingrédients d'une attractivité du territoire national.

Celle-ci est mesurée et donne lieu à un tableau de bord réalisé par l'Agence Française pour les Investissements Internationaux, (**AFII**) : la France occuperait actuellement la 4e place dans le classement mondial.

L'attractivité passe aujourd'hui par :

- **Le développement d'infrastructures** aéroportuaires, routières, ferroviaires ou encore les réseaux liés aux NTIC.
- **Les exonérations fiscales, allègements de charges** pour les nouvelles entreprises qui s'installent.

---

[1] La commission de Bruxelles a refusé à la France le droit d'appliquer un taux réduit de 5,5% dans la restauration.

[2] L'intégralité du rapport peut être consulté sur le site internet: http://www.premier-ministre.gouv.fr/IMG/pdf/TVA_sociale_rapport_remis_par_Eric_Besson.pdf

[3] Eric BESSON est Secrétaire d'État chargé de la prospective et de l'évaluation des politiques publiques auprès du Premier ministre

- **Les pôles de compétitivité** créés à partir de 2005 et définis comme : *« l'association d'entreprises, de centres de recherche et d'organismes de formation, engagés dans une démarche partenariale (stratégie commune de développement), destinée à dégager des synergies autour de projets innovants conduits en commun en direction d'un (ou de) marché(s) donné(s).»*

  Dans ces pôles (qui correspondent assez bien aux « **Clusters** » du monde anglo-saxon), l'existence de réseaux d'informations doit générer des **externalités positives**. Il s'agit de permettre d'attirer les entreprises les plus performantes, celles qui investissent le plus en recherche et Développement i.e qui préparent l'avenir.

Un exemple parmi les 71 labellisés (juillet 2007) : « **Véhicule du futur** »[1] **:**

PÔLE NATIONAL	
Domaines sectoriels	
	- Automobile – Transport - Mobilités
Thématiques principales	
	- Véhicule propre – Véhicule et réseaux intelligents – excellence de la filière
Régions principales	
	- Alsace - Franche-comté
Zone R&D	
	Carte / décret
Membres actifs	
Entreprises	220 entreprises
dont PME (< 250 salariés)	80
Centres de recherche et de formation	30 dont 4 universités, 7 écoles d'ingénieurs, centres techniques et structures de transfert
Autres partenaires	30 dont CCI, agences de développement
Contacts	
Adresse	40 rue Marc Seguin – BP 2118 – 68060 MULHOUSE Cedex
Téléphone	+33 (0)3 89 32 76 44
Télécopie	+33 (0)3 89 32 76 45
Courriel	bm@vehiculedufutur.com
Site internet	www.vehiculedufutur.com

[1] Voir le site internet: http://www.competitivite.gouv.fr/ et http://www.vehiculedufutur.com/

d) La politique commerciale stratégique :

Dans la compétition mondiale, au sein de marchés imparfaits (oligopole) où les rendements d'échelle sont croissants, il est important aussi que l'État apporte son aide.

En effet, en subventionnant les exportations ou les programmes de recherche et développement, l'État peut permettre à des entreprises nationales de s'imposer sur des marchés qui présentent des barrières à l'entrée. C'est le sens des analyses de James BRANDER et Barbara SPENCER (articles de 1983 et 1985) évoquées par Paul KRUGMAN[1].

Nous reprendrons ici l'exemple présenté par Paul KRUGMAN concernant le marché des avions de ligne.

Supposons :

- Deux avionneurs Airbus et Boeing qui souhaitent lancer la production d'un nouvel avion.
- Le marché est trop étroit pour que la production simultanée des deux avions soit profitable.
- Chaque avionneur prend sa décision de produire (ou non) en fonction de la décision du concurrent.
- L'État (dans le cadre de l'U.E) verse une subvention de +10 à Airbus.
- Si un des deux concurrents entre sur le marché, son profit sera de +100.
- Si les deux concurrents produisent, chacun perdra 5

Matrice de décisions en l'absence de subvention :

		AIRBUS			
		Produit		Ne produit pas	
BOEING	Produit	B : -5	**A : -5**	B : 100	A : 0
	Ne produit pas	B : 0	**A : +100**	B :0	A : 0

On constate que l'issue de ce jeu n'est pas acquise. Pour la France (et l'Europe en général), il est possible de forcer le destin en versant une subvention **avant que Boeing ne prenne une décision :**

[1] in *La mondialisation n'est pas coupable* Paul Krugman (professeur à l'Université de Princeton) Edition La Découverte 1998

Matrice de décisions après versement d'une subvention de +10 à AIRBUS :

		AIRBUS			
		Produit		Ne produit pas	
BOEING	Produit	B : -5	A : +5	B : 100	A : 0
	Ne produit pas	B : 0	A : +110	B :0	A : 0

Dans ce cas, on constate qu'Airbus peut lancer le programme d'un nouvel avion avec la certitude d'un profit et ce, quelle que soit la décision de Boeing.

Dans ce cas, Boeing ne va évidemment pas lancer la production de son avion puisque la perte serait certaine : (-5)

On constate ainsi qu'une subvention de l'État, parfois modeste, peut suffire à dissuader le concurrent étranger à entrer sur le marché.

Là encore, la politique de l'État relève d'une **vraie stratégie : il s'agit de décourager des concurrents étrangers.**

L'intervention de l'État peut permettre aussi de **sauvegarder des entreprises nationales** au nom d'une **stratégie d'indépendance nationale**.

On ne peut oublier l'exemple de l'entreprise ALSTOM. En grande difficulté en 2003, l'avenir de cette vénérable entreprise[1] semble alors être le rachat par l'Allemand SIEMENS.

Par souci d'indépendance nationale dans les transports (TGV) et pour sauvegarder des emplois, l'État obtient alors de la commission européenne, le droit de participer au redressement de l'entreprise.

L'État décide alors (2004) de recapitaliser ALSTOM pour un montant de 720 millions d'€. Les banques suivent le mouvement et le groupe redevient en quelques années performant et rentable (l'État a pu revendre ses actions en 2006 au groupe Bouygues en faisant une plus value significative : 1,2 Milliard d'€).

e) La fixation des normes et restrictions d'importations :

Il revient à l'État de préciser les normes dans des domaines d'ailleurs variés :

Des normes :

1 L'histoire du constructeur de locomotives ALSTOM remonte au XIXe siècle. André KOECHLIN créa en 1837, à Strasbourg, l'Etablissement de construction Mécanique de Strasbourg. Après 1871, l'entreprise choisit « l'option française » en ouvrant un atelier à Belfort baptisé Société Alsacienne de Construction Mécanique (SACM). En 1928, la SACM s'associe à un autre groupe français Thomson-Houston pour former ALSTHOM (ALS: ALSacienne + THOM:THOMson). Après de nouvelles restructurations (avec la CGE) dans les années 70, l'entreprise a pris sa dénomination actuelle ALSTOM.

- Sanitaires : dans le domaine agricole, il s'agit par exemple de protéger la France d'épizooties (vache folle, grippe aviaire, peste porcine).
- Techniques : c'est l'Agence Française de NORmalisation (AFNOR[1]) qui a la mission de les préciser. Elle participe aux instances européennes qui délivrent le label « C.E ».
- Environnementales : il s'agit de la Charte de l'environnement (article 5) à laquelle la Constitution actuelle fait d'ailleurs référence :

Article 5 de la Charte de l'environnement :

Lorsque la réalisation d'un dommage, bien qu' incertaine en l'état des connaissances scientifiques, pourrait affecter de manière grave et irréversible l'environnement, les autorités publiques veillent, par application du principe de précaution et dans leurs domaines d'attributions, à la mise en oeuvre de procédures d'évaluation des risques et à l'adoption de mesures provisoires et proportionnées afin de parer à la réalisation du dommage.

Préambule de la Constitution :

Le peuple français proclame solennellement son attachement aux Droits de l'homme et aux principes de la souveraineté nationale, tels qu'ils ont été définis par la Déclaration de 1789, confirmée et complétée par le préambule de la Constitution de 1946, ainsi ***qu'aux droits et devoirs définis dans la Charte de l'environnement de 2004.***

Remarquons à ce sujet que la Commission[2] dirigée par Jacques ATTALI a remis un rapport en Octobre 2007. Afin de stimuler les innovations et donc la croissance, le rapport préconise la suppression de ce « principe de précaution » inscrit dans la Charte et de fait dans la Constitution.

Des restrictions :

L'État dispose aussi du pouvoir de protéger le marché national par des contingentements, des restrictions d'importations comme l'a montré l'exemple de l'Accord MultiFibres (A.M.F :1974-2005).

f) Participe à la guerre économique :

Associer les termes de guerre et d'économie peut paraître surprenant, tant l'idée d'une mondialisation heureuse est ancrée dans les esprits : les échanges économiques semblent être les meilleurs moyens de rapprocher les pays.

D'ailleurs le Traité de Rome instituant la CEE avait clairement pour objectif de

---

1 l'AFNOR est sous la tutelle du ministère de l'industrie

2 Crée à l'initiative du Président SARKOZY et dirigée par Jacques ATTALI, ancien conseiller du Président MITTERAND. L'objectif de cette commission est de repérer les freins à la croissance.

sauvegarder la paix grâce aux liens économiques[1]. 60 ans après, le traité simplifié adopté à Lisbonne en octobre 2007 réaffirme ce principe :

« Article 3 : L'Union a pour but de promouvoir la paix, ses valeurs et le bien-être de ses peuples ».

La réalité est évidemment moins agréable même si la guerre économique ne passe évidemment pas par l'usage des armes au sens traditionnel. La compétition entre les entreprises au niveau international ne se limite pas simplement à une concurrence par les prix ou par des produits nouveaux.

Les moyens mis en œuvre pour gagner des parts de marchés, « éliminer » des concurrents sont plus discrets[2] : lobbying auprès des décideurs politiques, entrisme financier grâce aux fonds d'investissement, espionnage industriel, dénigrement d'acteurs économiques etc.

Dans ce qu'il convient bien d'appeler la guerre économique, l'État a un rôle important à jouer. Nous présentons ici les différents objectifs de cette politique et les moyens mis en œuvre.

- Protéger les entreprises dans la compétition internationale.

Les moyens peuvent consister à lutter contre des OPA hostiles de la part d'entreprises étrangères[3].

La loi du 31 mars 2006, relative aux Offres Publiques d'Acquisition, transpose une partie de la directive européenne de 2004 :

L'approbation par les actionnaires, de toute mesure de défense en cours d'offre est obligatoire (Art. L. 233-32 I du code de commerce).

Une entreprise faisant l'objet d'une OPA peut émettre des Bons de Souscription d'Actions (BSA) ce qui rend ainsi le coût d'acquisition plus élevé (Art. L. 233-32 II du code de commerce).

La loi permet aussi un principe de réciprocité : les entreprises françaises doivent pouvoir disposer de moyens de défense comparables à ceux dont dispose l'entreprise à l'origine de l'OPA (sans avoir besoin de consulter alors les actionnaires).

- Favoriser des concentrations pour atteindre une « taille critique » dans un marché élargi :

Si, dans une section précédente, nous avons signalé que l'État s'est progressivement désengagé depuis une vingtaine d'années, il faut néanmoins remarquer que son influence reste forte dans les processus de fusion.

---

[1] Dans le préambule de ce Traité, les signataires se déclarent: *"déterminés à établir les fondements d'une union sans cesse plus étroite entre les peuples européens stabilité dans l'expansion, l'équilibre dans les échanges et la loyauté dans la concurrence;...désireux de contribuer, grâce à une politique commerciale commune, à la suppression progressive des restrictions aux échanges internationaux;.... résolus* ***à affermir... la paix et la liberté,*** *et appellent les autres peuples d'Europe qui partagent leur idéal à s'associer à leur effort..."*.

[2] L'ouvrage *La main invisible des puissances* par Christian Harbulot 2005 aux éditions Ellipses met en évidence les moyens de cette guerre économique.

[3] En 2005, des rumeurs insistantes indiquaient un risque d'OPA du groupe américain Pepsico sur le Français Danone. L'affaire souleva une levée de boucliers en France. Finalement, l'OPA n'eut pas lieu.

Il est en effet important pour un pays, quel qu'il soit, de favoriser l 'émergence de groupes suffisamment puissants sur l'échiquier international. C'est ainsi que nous assistons en 2007 au mariage de GDF et de SUEZ : l'objectif est de créer un leader dans la production et vente de gaz. On peut noter aussi le projet de rapprochement entre ALSTOM (constructeur de centrales électriques) et AREVA[1].

■ Développer l'intelligence économique :

C'est l'objectif de l'Institut des Hautes Etudes de la Défense Nationale (IHEDN) . Il s'agit de sensibiliser tous les acteurs économiques des risques qui pèsent sur notre système productif : risques de piratage des systèmes informatiques, présence d'espions dans les laboratoires, pillage des brevets ou encore de la prise de contrôle d'entreprises par des acteurs étrangers.

La prise de conscience des dangers est récente, mais progresse. En 2005, le Premier Ministre demandait aux Préfets de constituer des Comités de Sécurité Economiques afin de recenser les risques encourus par les entreprises françaises. Désormais, un « Guide de la sécurité économique »[2], édité par le ministère de l'économie, est à la disposition des entreprises.

En conclusion, on retiendra que « l'ouverture de notre pays à l'international » est loin de restreindre les missions de l'État, bien au contraire !

---

[1] Le groupe AREVA, spécialisé dans la production d'électricité d'origine nucléaire, est né en 2001 de la fusion entre Framatome, CEA et COGEMA

[2] Voir le site internet: http://www.entreprises.minefi.gouv.fr/transfert/14/Guide-pratique-securite-economique.pdf

Chapitre 6 - L'ÉTAT EN QUESTIONS

Les cinq premiers chapitres nous ont permis de présenter l'État, d'analyser ses missions et ses moyens d'action. Dans ce dernier chapitre, nous allons ouvrir quelques débats actuels autour de l'État.

Question 1 : Trop d'impôts ?

« *Il est plus sage de passer pour avare, ce qui engendre un mépris sans haine, que de recueillir, en désirant le nom de magnifique, celui de rapace, ce qui engendre un mépris haineux* »

Le Prince MACHIAVEL

« *Trop d'impôts, trop de charges* » : vieille antienne française qui résume bien le sentiment de nos concitoyens. L'État (au sens large) serait responsable de la faiblesse des profits, de la maigre progression du pouvoir d'achat.

La crainte des contrôles fiscaux participe aussi à cette défiance vis-à-vis de l'État ce qui fit le succès de Pierre Poujade[1] au début des années 50 lorsqu'il s'opposa, avec d'autres commerçants, à la visite de contrôleurs fiscaux.

Ce qui ressembla à une véritable jacquerie des temps modernes témoigne d'une allergie ou tout au moins d'une incompréhension des Français face à l'impôt, aux prélèvements obligatoires[2] en général.

---

[1] Pierre Poujade (1920-2003) créa en 1950 l'Union de Défense des Commerçants et Artisans (UDCA).
[2] Les prélèvements obligatoires comprennent les impôts et les cotisations sociales.

Alors, s'agit-il d'un « vol » comme le pensent bien des contribuables (et comme semble le prouver l'ampleur de la fraude fiscale) ou d'un effort logique, légitime, demandé à chacun pour permettre à l'État de remplir ses missions ?

Il faut donc essayer de comprendre ce sentiment d'hostilité mais aussi justifier l'importance des prélèvements.

1. Une allergie aux prélèvements obligatoires : plusieurs facteurs expliquent ce phénomène

1.1. La progression est-elle vraiment inquiétante ?

Pour comprendre le sentiment d'une pression toujours plus forte de l'État en matière d'impôts et cotisations sociales, il convient d'utiliser un indicateur, le taux de Prélèvements Obligatoires (P.O.) défini ainsi :

$$\text{taux de prélèvements obligatoires} = \frac{\text{impôts} + \text{cotisations sociales}}{\text{PIB}}.100$$

Si on considère que le PIB est une assez bonne mesure de la richesse[1] crée par l'activité humaine au cours d'une année, alors on constate que le taux de P.O. permet de connaître la part de la richesse crée qui transite par l'État (au sens large).

Le graphique ci-dessous présente l'évolution du taux de P.O. depuis 1900 :

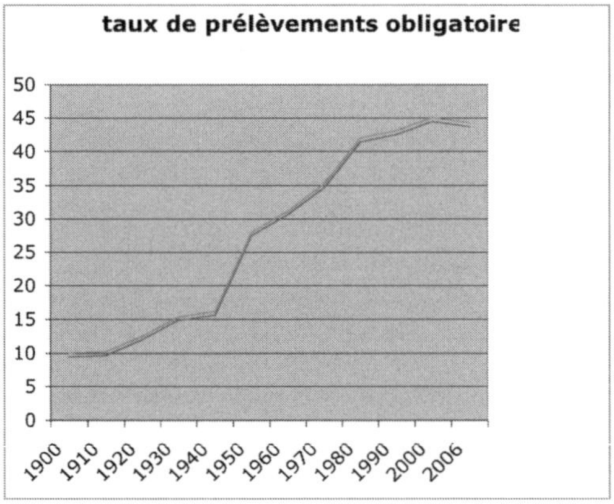

D'après les données extraites du rapport du Economique et Social[2] (2005)et des données de l' Insee

Le taux de P.O. est donc passé de 10% environ au début du XXe siècle à plus de 44% de nos jours.

Le constat est à priori inquiétant. Pourtant, les explications et les justifications abondent :

[1] Mesure imparfaite malgré tout puisque certaines activités sont omises ou ne peuvent être évaluées (travail au noir, trafics divers..)

[2] Ce rapport peut être consulté sur le site web du conseil économique et Social: http://www.ces.fr/rapport/rapsec/RS045120.pdf

- Une telle progression peut d'abord s'expliquer par un « **effet de déplacement** »[1] lié aux guerres et aux crises. En effet, ces chocs exogènes induisent des niveaux de prélèvements qui deviennent acceptables.
  À la fin des guerres ou des crises, on assiste à « **un effet de cliquet** », c'est-à-dire l'incapacité à revenir à un taux de P.O. plus faible (il y a une accoutumance à des dépenses publiques supplémentaires et le seuil de tolérance fiscal est plus élevé).
- Dès la fin du XIXe siècle, l'économiste allemand Adolph WAGNER (1835-1917) montrait déjà que la part des dépenses publiques (***G***) dans le PIB était vouée à augmenter en raison du développement de nouveaux besoins : infrastructures, services publics (dont éducation), culture, loisirs, santé.. (« *loi de WAGNER* »).
  Cela peut s'expliquer à la fois par la faiblesse des gains de productivité possibles dans les **services publics** mais encore parce qu'il s'agit de « **biens supérieurs** » c'est-à-dire que l'élasticité de la demande de services publics par rapport au revenu est supérieure à 1.

En formalisant : $$e^{G/PIB} = \frac{\frac{\Delta G}{G}.100}{\frac{\Delta PIB}{PIB}.100} > 1$$

Cela correspond bien au fait que la demande de prise en charge de certaines dépenses par l'État est sans doute infinie[2] (éducation, protection..)

C'est ainsi que bien des dépenses publiques sont devenues incontournables, difficilement réductibles. On considère généralement que 90% (environ) des dépenses publiques sont reconduites automatiquement.

De fait, il est très difficile pour l'État de présenter un équilibre budgétaire, de réduire la dette publique et cela depuis des décennies[3].

1.2. Un système fiscal injuste ?

Deux critiques traditionnelles peuvent être rappelées ici :

- La TVA, impôt égalitaire (tous les consommateurs la paient) mais inéquitable : elle est souvent considérée comme injuste dans la mesure où elle pèse plus lourdement sur les ménages aux revenus modestes[4].
  L'IRPP (Impôt sur le Revenu des Personnes Physiques) est lui aussi mal perçu par les ménages. Cela s'explique d'abord par le fait que 50% des ménages en sont exemptés (leurs revenus sont trop faibles). Inévitablement, les ménages imposés ont le sentiment de « payer pour l'autre moitié ».

---

[1] Cet effet de déplacement a été mis en évidence par les économistes A.T. PEACOCK et J. WISEMAN.

[2] Le lecteur pourra se reporter au chapitre consacré aux fonctions, missions assignées à l'État

[3] La France respecte bien mal les « critères de Maastricht »: le déficit budgétaire annuel devrait être inférieur à 3% du PIB, la dette publique inférieure à 60% du PIB, ce qui est rarement vérifié.

[4] En effet, l'élasticité ($e^{Qd/p}$) de la quantité demandée par rapport aux prix est faible pour de nombreux produits (pain, lait..). De fait, le consommateur ne se détourne pas de ces produits même si le taux de TVA varie.

- Le mode de calcul de cet impôt est aussi sujet à critique : il est en effet très progressif, le contribuable confondant alors trop souvent taux marginal et taux moyen d'imposition.

  Exemple : Calcul de l'impôt sur les revenus de l'année 2006

  Considérons un foyer fiscal composé des 2 parents salariés et de 2 enfants ce qui correspond à 3 « parts » dans le calcul de l'impôt.

  Le revenu imposable est égal au revenu déclaré – un abattement forfaitaire[1] de10%

  Dans ce cas, le barème pour le calcul de l'impôt (I) en fonction du revenu **imposable** (R) pour 3 « parts » est alors :

Si R < 16842€	I = 0
Si 16842€ < R < 33594€	I = (R.0,055) - 926,3€
Si 33594€ < R < 74616€	I = (R.0,14) - 3781,8€
Si 74616€ < R < 200037€	I = (R.0,3) - 15720,36€
Si R > 200037€	I = (R.0,4) - 35724,06€

Graphiquement : on représente ici l'impôt (I) en fonction du revenu imposable (R)

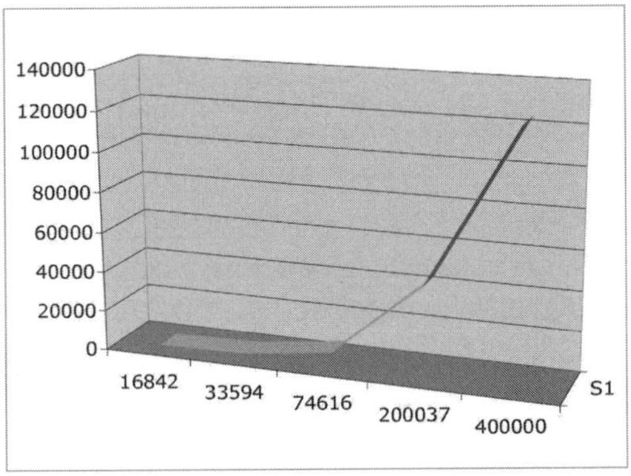

Simulation : Soit un foyer fiscal composé de 2 parents salariés (et deux enfants) dont les revenus mensuels sont au total de 6000 €.

Le montant annuel déclaré est alors égal à 72000 €.

Après abattement forfaitaire de 10% (-7200 €), le revenu imposable est :

R = 72000 € - 7200€ = 64800 €.

Compte tenu du barème, l'impôt sera :

I = (64800 € . **0,14**) – 3781,8€ = 5290,2€

[1] L'abattement de 10% peut être remplacé par une déduction des frais réels supportés par le foyer fiscal (celui-ci a le choix entre ces deux modes de calcul).

Le taux marginal est donc de **14%** alors que le Taux moyen d'imposition (par rapport aux revenus déclarés) est : $\frac{5290,2}{72000} = 7,34\%$!

2. Une fiscalité inefficace ?

Cette question renvoie à l'idée d'une taxation optimale : quel peut être le taux d'imposition qui assure le principe de **neutralité** et un **rendement important** ?

2.1. La question de la neutralité :

Un impôt est dit neutre s'il ne modifie pas l'allocation des ressources initiales c'est-à-dire que les conditions d'équilibre sur les marchés (des biens, des facteurs de production - travail et capital – et enfin des capitaux) ne sont pas affectées par l'introduction de cet impôt.

L'impôt provoque nécessairement un **effet de revenu** dans la mesure où il diminue le pouvoir d'achat.

Mais pour être considéré comme neutre, l'impôt ne doit pas provoquer d'**effet de substitution**.

Exemple d'imposition sur le marché des biens :

Considérons le marché des biens et intéresserons-nous à l'effet de l'instauration d'un impôt sur deux biens X (cigarettes) et Y (chewing-gum).

Le consommateur[1] est caractérisé par sa fonction d'Utilité U= f(X,Y) et sa contrainte de Revenu : $R = P_X.X + P_Y.Y$.

Les préférences du consommateur sont représentées par des courbes d'indifférence (U1,U2…).

L'équilibre du consommateur $\Omega^*(X,Y^*,U^*)$ correspond à la résolution du programme : Maximiser l'Utilité sous contrainte du revenu :

$$\begin{cases} Max\ U(X,Y) \\ s/c\ \ R = P_X.X + P_Y.Y \end{cases}$$

Graphiquement :

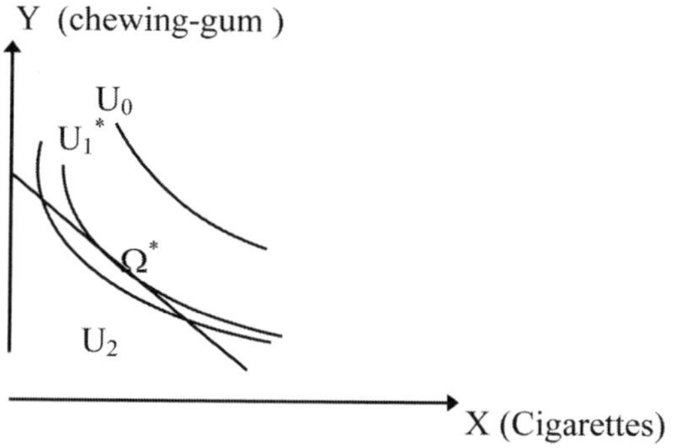

Supposons maintenant

[1] Pour une présentation plus détaillée de la théorie du consommateur, on pourra consulter notre ouvrage Dix questions clés en économie Ellipses 2006

l'instauration d'un impôt spécifique sur le bien X (cigarettes) et analysons l'effet global en un effet de revenu + un effet de substitution :

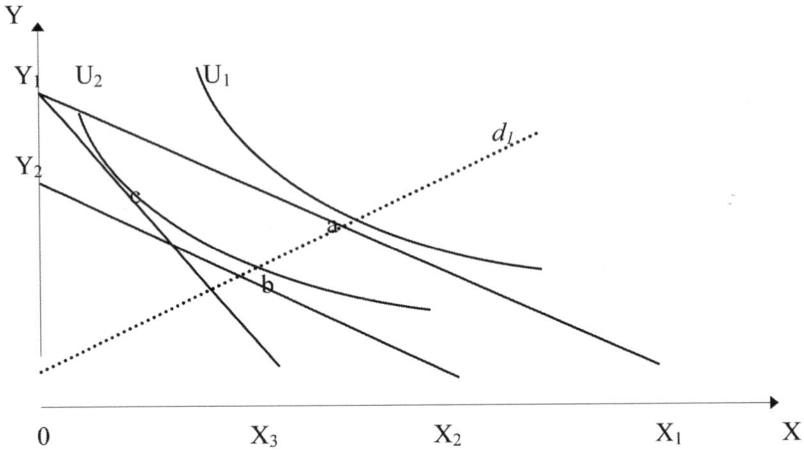

La taxation du produit X peut se décomposer d'abord en un **effet de revenu :** passage du point d'équilibre a au point b.

Dans ce cas, l'impôt est neutre puisque le taux d'impôt pour Y est le même que celui qui concerne X. En effet : $\frac{Y_1 - Y_2}{Y_1 - 0} = \frac{X_1 - X_2}{X_1 - 0}$

Il n'y a donc pas de **distorsion**. Les points a et b sont sur une droite (d_1) matérialisant le fait qu'ils correspondent à une même proportion de X et Y.

Le passage du point d'équilibre b au point c doit être analysé comme un **effet de substitution**. Le consommateur « abandonne » le produit X et préfère obtenir davantage de produits Y. Cette fois, une distorsion apparaît clairement.

En conclusion :

- On constate que l'impôt spécifique sur les cigarettes (bien X) aboutit à une distorsion puisque le consommateur va substituer des biens Y (chewing-gum) aux cigarettes.
- Seul un impôt forfaitaire, uniforme pourrait être totalement neutre, mais cela n'est forcément un objectif légitime puisque la fiscalité est un outil pour corriger certaines inégalités, orienter certaines consommations[1] (l'imposition renforcée du tabac peut avoir pour but de détourner les consommateurs de ce produit).
- On peut utiliser la même méthodologie pour étudier l'impact de la fiscalité sur le **marché du travail :**

---

1 Cela dépend néanmoins de l'élasticité de la quantité demandée par rapport au prix. Dans le cas du tabac ou de l'essence, une hausse de la fiscalité provoque surtout un effet de revenu (négatif).

Une hausse des impôts sur les revenus du travail provoque un effet de revenu (perte de pouvoir d'achat compensée cependant par les dépenses publiques) et de substitution : moins d'offre de travail de la part des individus et une demande plus forte de loisirs.

Il s'agit des effets désincitatifs de la fiscalité, évoqués en général par les économistes libéraux.

On peut résumer simplement ce phénomène par la question : pourquoi travailler davantage si le surcroît de revenu sera ensuite prélevé par l'État sous forme d'impôts supplémentaires ?

Naturellement, l'intuition est de mauvais conseil dans la mesure où le poids (taux moyen) de l'impôt est faible.

2.2. Le rendement de l'impôt :

Constatons d'abord que le rendement de la fiscalité se révèle très différent selon le type d'impôts.

L'exemple du budget 2006. Pour un total de recettes de 282,6milliards d'€, la décomposition est la suivante :

Recettes	en Mds d'€	en %
TVA	135	**45,1**
Impôt sur le revenu	60,5	20,2
Iimpôt sur les sociétés	53,8	17,9
Taxe intérieure sur le produit pétrolier	16,5	5,50
autres recettes fiscales	5,6	1,86
autres recettes	28,1	9,38
Total:	**299,5**	**100**

Il est clair que la TVA, indolore, est la première source de recettes fiscales.

Quant à l'impôt sur le revenu ou l'impôt sur les sociétés, l'efficacité est discutée :

À ce sujet, on ne peut manquer d'évoquer la fameuse « *courbe de Laffer* » :

L'économiste Arthur LAFFER[1] a fait le lien entre les recettes fiscales et le taux moyen d'imposition dans une économie. Il s'agit d'une idée ancienne[1] selon laquelle : « *Trop d'impôt tue l'impôt* ».

1 Arthur LAFFER (1940-) est un économiste libéral américain , il fait partie de l'école « supply side »

Graphiquement :

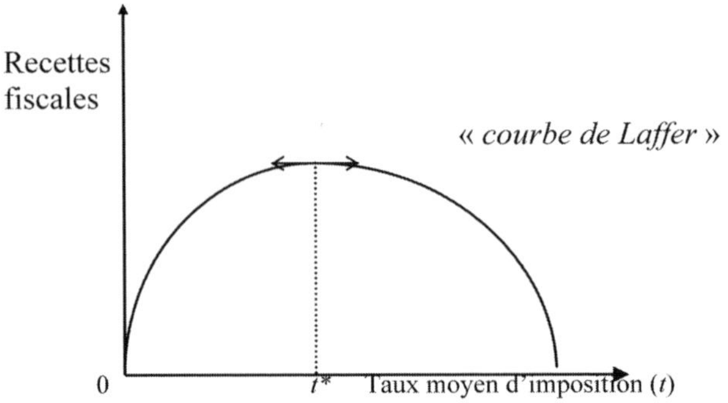

Ainsi, à partir d'un taux optimal t^*, les recettes fiscales diminueraient parce que l'impôt provoquerait des effets de désincitation au travail (effet de substitution des loisirs au travail)[2], réduirait les quantités échangées sur le marché des biens (et donc le PIB).

En conclusion :

Il n'y a certainement pas « trop d'impôts » en France. Par contre, il convient sans doute d'améliorer les modes, la transparence et l'efficacité[3] de l'imposition.

Gardons aussi en mémoire que l'État dispose d'autres moyens pour financer les dépenses publiques :

- L'emprunt d'État. Remarquons qu'il a des effets équivalents sur l'économie (**théorème d'équivalence RICARDO-BARRO**). Ce mode de financement alourdit naturellement la dette publique, provoque un transfert de la charge sur les générations futures.
- Le « seigneuriage » : accepter l'accélération de l'inflation pour alléger le poids de la dette. Cela est évidemment difficile de nos jours (la Banque Centrale Européenne demande aux pays de la zone € de ne pas accepter un taux d'inflation supérieur à 2%).

Question 2 : l'État est-il soluble dans l'Union européenne ?

1 L'ingénieur et économiste Jules DUPUIT (1804-1866) avait déjà montré cette relation dans l'étude consacrée au lien entre le péage et l'utilisation d'une infrastructure.

2 Les travaux de Thomas PIKETTY ont plutôt montré que les modifications de la fiscalité en France au début des années 80 (création de tranche d'imposition élevée) n'avaient pas provoqué ce type d'effet.

3 La piste de l'impôt à la source avait été évoquée en 2006 par le ministre de l'économie et des finances Thierry BRETON: l'IRPP serait devenu alors plus indolore.

« Eh bien ! Vous dites aujourd'hui et je suis de ceux qui disent avec vous, tous, nous qui sommes ici, nous disons à la France, à l'Angleterre, à la Prusse, à l'Autriche, à l'Italie, à la Russie, nous leur disons :

Un jour viendra où la France, vous Russie, vous Italie, vous Angleterre, vous Allemagne, vous toutes, nations du continent, sans perdre vos qualités distinctes et votre glorieuse individualité, vous vous fondrez étroitement dans une unité supérieure, et vous constituerez la fraternité européenne, absolument comme la Normandie, la Bretagne, la Bourgogne, la lorraine, l'Alsace, toutes nos provinces, se sont fondues dans la France.

Un jour viendra où il n'y aura plus d'autres champs de bataille que les marchés s'ouvrant au commerce et les esprits s'ouvrant aux idées.

Un jour viendra où les boulets et les bombes seront remplacés par les votes, par le suffrage universel des peuples, par le vénérable arbitrage d'un grand Sénat souverain qui sera à l'Europe ce que le Parlement est à l'Angleterre, ce que la Diète est à la Russie, ce que l'Assemblée législative est à la France !

Un jour viendra où l'on verra deux groupes immenses, les États-Unis d'Amérique, ***les États-Unis d'Europe »***

Victor HUGO
Discours d'ouverture du Congrès de la Paix - 21 août 1849

Il aura fallu attendre un siècle après ce discours prémonitoire pour voir l'ébauche d'un construction européenne. Le premier pas est en effet réalisé en 1949 : c'est la création du Conseil de l'Europe dont le but est alors « *de réaliser une union plus étroite entre ses membres afin de sauvegarder et de promouvoir les idéaux et les principes qui sont leur patrimoine commun et de favoriser leur progrès économique et social* » (article 1).

Depuis, les traités de Rome (1957), de Maastricht (1992), de Nice (2001) ou encore de Lisbonne (2007)[1] ont permis d'approfondir et d'élargir ces relations entre Européens.

Longtemps abstraite, l'Europe est devenue, en ce troisième millénaire, une réalité quotidienne pour chacun[2].

Pourtant, le rejet par les Français d'un projet de Constitution en 2004 en est sans doute le signe d'un réel malaise.

L'Europe suscite de l'inquiétude, notamment celle de voir « *l'État français muselé par Bruxelles* ».

En effet, que peut encore l'État au moment où l'Europe s'affirme de plus en plus comme un pouvoir supranational ?

Chacun sent bien que l'affirmation progressive de l'Europe induit des pertes de compétences nationales :

Les approfondissements successifs ont modifié la frontière entre les compétences de l'État et celles de la communauté et de l'Union[1].

---

[1] Traité signé le 13 décembre 2007. Il devra être ratifié par chaque pays avant 2009 pour entrer en vigueur.
[2] L'usage de l'€ (fiduciaire) depuis 2002 nous rappelle quotidiennement notre intégration à l'Europe.

Les juristes distinguent les compétences étatiques, les compétences partagées et les compétences exclusives de la communauté.

Nous aborderons ici deux dossiers où la question du partage ou transfert de compétences est particulièrement discutée.

1. Quid du « policy mix » ?

Influencés par les idées keynésiennes, les États s'étaient habitués depuis la fin de la seconde guerre mondiale à intervenir par des « policy mix », c'est-à-dire une combinaison de la politique budgétaire et de la politique monétaire.

En ce qui concerne la politique budgétaire, l'État français reste maître dans la préparation et le vote de la loi de finance. En effet, la fiscalité demeure en grande partie une **compétence nationale**[2].

La nécessité d'une harmonisation fiscale est, certes, souvent évoquée au nom d'une concurrence loyale, mais cela reste un vœu pieux.

Cependant, il faut reconnaître que la construction européenne amoindrit sérieusement la force de l'arme budgétaire :

- D'une part, le Traité de Maastricht (1992) a conduit l'État à respecter le principe d'un déficit budgétaire inférieur à 3% du PIB. En outre, le Pacte de Stabilité et de Croissance (PSC) signé lors du conseil européen d'Amsterdam (juin1997) a même prévu des « amendes » pour les éventuels dépassements des « critères de convergence ».
- D'autre part, les élargissements successifs (6 pays en 1957, 27 aujourd'hui dont 13 dans la zone €), ainsi que la naissance d'un « grand marché »[3] ont limité les effets des politiques budgétaires.

  En effet, en économie ouverte, le multiplicateur des dépenses publiques[4] s'écrit :

  $$k = \frac{\Delta Y}{\Delta G} = \frac{1}{1 - c + ct + m}$$

  Cette formulation montre aisément que plus la propension à importer[5] (***m***) augmente (elle est d'environ 12% aujourd'hui) plus l'effet multiplicateur (***k***) des dépenses publiques diminue.

  Or il est clair pour chacun que l'Europe est devenue un vrai terrain de jeu pour les entreprises (celles-ci font continuellement du « benchmarking ») comme en témoigne le taux d'ouverture[1] de la France : près de 28% en 2006.

---

[1] L'approche juridique de cette question déborde le cadre de cet ouvrage. On pourra se reporter au livre Introduction au droit de l'Union Européenne par Jacqueline Dutheil de la Rochère, Hachette Supérieur, 2005

2 Nous avons signalé dans le débat consacré à l'impôt, la variété des taux de TVA en Europe mais aussi les limites des compétences nationales en la matière.

3 Il s'agit de l'Acte Unique signé en 1986. Ce texte a conduit à l'établissement d'un grand marché (1993), caractérisé par 4 degrés de liberté: libre circulation des biens, des services, des capitaux et des hommes.

[4] *Y* représente le *PIB*, *G*, les dépenses publiques. *c*, *t* et *m* sont respectivement, la propension marginale à consommer, le taux d'imposition et la propension marginale à importer

[5] $m = \frac{\Delta importations}{\Delta PIB}$

Cela signifie que pour stimuler la croissance, une politique de dépenses publiques a peu de chances d'être couronnée de succès[2].

Quant à la politique monétaire, le passage à l'€ a mis définitivement fin à ce pouvoir : il s'agit désormais d'une compétence exclusive de la Banque Centrale Européenne.

En réalité, le processus est ancien[3]. Dès le sommet de Copenhague en 1978 et la mise en place du Système Monétaire Européen (SME), nous avons perdu une grande marge de manœuvre en matière monétaire.

En effet, la création du SME s'est traduite par la volonté d'un système de **taux de changes fixes** (irrévocables à partir de1997).

En outre, l'Acte Unique européen (1986) s'est traduit par la mise en place effective d'un grand marché au début des années 90. **La liberté des mouvements de capitaux** en est une des mesure phare.

Il est devenu alors impossible à la Banque de France[4] de mener une **politique monétaire autonome** : C'est l'époque du « Franc fort[5] », c'est-à-dire d'un arrimage de notre monnaie sur la devise forte du SME : le Deutsche Mark.

L'économiste Robert Mundell avait montré dès le début des années 60 qu'il est impossible de concilier taux de change fixes, libre circulation des capitaux et autonomie de la politique monétaire.

Triangle d'incompatibilité de Mundell

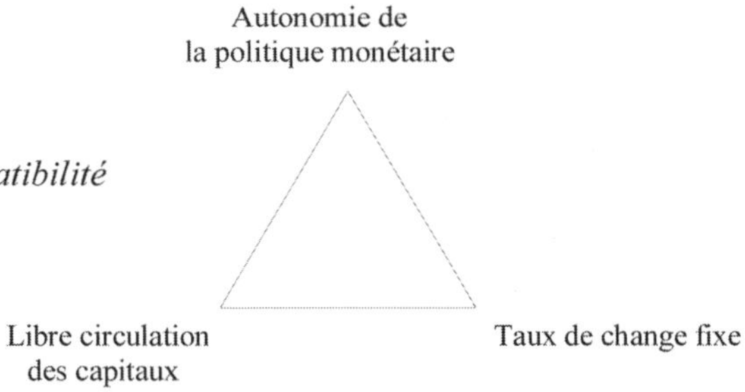

Naturellement, en substituant en 1999, l'€ aux monnaies nationales (le changement des billets se fait en 2002), l'État s'est définitivement privé d'un moyen d'action.

La politique monétaire est désormais dans les mains de la Banque Centrale Européenne (BCE).

---

1 $taux\ d'ouverture = \frac{(exportations + importations)/2}{PIB}.100$

2 On explique généralement l'échec de la relance Mauroy au début des années 80 par ce mécanisme.

3 En 1970, le rapport de Pierre WERNER (Premier ministre luxembourgeois) évoquait déjà le projet d'une Union Economique et Monétaire.

4 La Banque de France est d'ailleurs devenue indépendante de la tutelle de l'État le 4 Août 1993.

5 À partir de 1983, la France adopte le principe de la lutte contre l'inflation afin de limiter le différentiel d'inflation avec la RFA et de préserver un taux de change fixe.

Or le Traité de Maastricht a clairement défini ses missions. Le maintien de la stabilité des prix est le premier objectif comme le rappelle l'article 105[1].

Cela justifie sans doute la politique monétaire de la BCE, menée par son Président Jean-claude TRICHET : maintien de taux directeurs élevés (4% en novembre 2007).

En effet, la lutte contre l'inflation peut se comprendre dans la mesure où une même monnaie (l'€) ne peut être à la fois une « bonne monnaie » dans certains pays (à faible inflation) et une « mauvaise monnaie » ailleurs (cas des pays plus inflationnistes).

En outre, la crédibilité de la BCE passe aussi par la volonté de ne pas modifier les règles établies lors du Traité de Maastricht même si des taux directeurs élevés peuvent apparaître comme des freins à la croissance[2] et comme une explication partielle d'un € fort[3].

En substituant l'€ aux monnaies nationales, les États de la zone Euro[4], dont la France, ont ainsi perdu à la fois un instrument de la politique économique conjoncturelle mais aussi un **symbole de souveraineté et de pouvoir**.

Néanmoins, il serait tout à fait injuste de ne signaler que les inconvénients de l'€. En effet, la monnaie unique permet d'éliminer le risque de change dans les échanges entre les pays de la zone. En outre, c'est un moyen d'accélérer l'intégration européenne et de donner un poids significatif à l'Europe sur l'échiquier international.

2. L'État et la PAC :

La Politique Agricole Commune (PAC) est un autre dossier particulièrement sensible pour l'État français.

La France est, depuis toujours[5], très attachée à son agriculture pour au moins deux raisons :

- C'est la première d'Europe (production évaluée à 58 milliards d'€ en 2006), nous permettant d'être ainsi un grand exportateur (le taux de couverture[6] de l'agriculture et des produits agroalimentaires dépasse régulièrement 120%).

---

1 Article 105: « *l'objectif principal du Système européen de Banques centrales (SEBC) est de maintenir la stabilité des prix. Sans préjudice de l'objectif de stabilité des prix, le SEBC apporte son soutien aux politiques économiques générales dans la Communauté, en vue de contribuer à la réalisation des objectifs de la communauté* ».

2 Les critiques de la France à ce sujet sont récurrentes: à la fin de cette année 2007, le Président de la République n'a pas manqué de rappeler que le soutien de la croissance passait par des taux plus faibles. Remarquons, par comparaison, qu'aux USA, la FED, dirigée actuellement par Ben BERNANKE, a pour objectifs de favoriser l'emploi maximum, des prix stables et taux d'intérêt à long terme modérés.

3 À la fin 2007, 1€ = 1,47$ alors que le taux était encore au début de l'année: 1€ = 1,3$ soit une variation de 13% en quelques mois.

4 Le 2 mai 1998, le Conseil « Ecofin » a déterminé la liste des 11pays qui pouvaient intégrer la zone € au 1er janvier 1999: la France, l'Italie, l'Allemagne, la Belgique, les Pays-Bas, le Luxembourg, l'Espagne, le Portugal, l'Autriche, la Finlande, l'Irlande. Le 1er janvier 2001, la Grèce entre à son tour dans la zone €. En 2007, ce fut le tour de la Slovénie. En 2008, l'€ sera, avec les entrées de Chypre et Malte, utilisé dans 15 pays.

5 L'agriculture française a été défendue dès la fin du XIXe par Jules MELINE (1872-1925), député puis ministre de l'agriculture. On parla même de « mélinisme » pour évoquer une politique agricole considérée comme très protectionnisme (*cf* la « loi du cadenas en 1897 permettant de nouvelles hausses du droit de douane en cas de surproduction)

6 $$\text{taux de couverture} = \frac{\text{valeur des exportations}}{\text{valeur des importations}}.100$$

- La France est longtemps restée un pays d'agriculteurs. À la fin de la seconde guerre mondiale, 30% de la population active travaillait encore dans le secteur agricole alors qu'au R-U, ce taux n'était plus que de 5% environ.

  Si l'agriculture française n'emploie plus aujourd'hui que **2% des actifs** (agriculteurs et ouvriers agricoles), elle représente un poids économique et une influence politique importante : **10% des sénateurs** actuels sont agriculteurs (d'une manière générale, le mode d'élection aboutit à une surreprésentation du monde rural au Sénat).

Est-il alors surprenant de constater le scepticisme voire l'hostilité du monde agricole dès que les instances européennes évoquent la nécessité de changer les règles du jeu. L'État ne peut alors que relayer le « malaise agricole », plaider la cause des agriculteurs auprès de la commission européenne.

Or, depuis 1992, la PAC est sur la voie d'une réforme profonde des trois principes élaborés par « l'Europe des 6 »[1] dès 1962 :

- **L'unicité du marché :** fixation d'un prix unique lors des réunions des ministres à Bruxelles. Les négociations furent, dès 1962, difficiles, longues et de fait qualifiées de « marathons agricoles »
- **La préférence communautaire :** l'approvisionnement se fait prioritairement dans les pays membres, au prix fixé par la communauté : cela signifie à la fois un « détournement d'échanges » au sens de VINER[2] et une déconnection par rapport au cours mondial.
- **La solidarité du marché :** il n'y a pas de correspondance possible entre les sommes versées et reçues par chaque État.

Ces règles se justifiaient compte tenu des cinq objectifs à atteindre dans les années 60 :

- Une augmentation de la productivité de l'agriculture :
- Un niveau de vie équitable pour les agriculteurs
- La stabilité des marchés
- La sécurité des approvisionnements
- Des prix raisonnables

Les objectifs de la PAC furent largement dépassés dès les années 80 puisque le taux de couverture qui n'était que de 25% en 1960 bondit à plus de 100% en 1986. Dès lors, c'est le problème des surplus agricoles qui devint la grande préoccupation.

Face à cette situation, la communauté prit plusieurs mesures comme la baisse des prix d'intervention. On mit aussi en place des quotas (sucre et lait en 1984, céréales en 1988) : chaque agriculteur se vit attribuer un volume de production maximale en fonction des caractéristiques de son exploitation.

---

[1] France, RFA, Italie, Belgique, Pays-Bas et Luxembourg

[2] L'économiste Jacob VINER (1892-1970) a montré dans l'ouvrage *The customs Union Issues* (1950) que les unions douanières provoquent des détournements d'échanges:

À partir de 1992, les règles de fonctionnement furent à nouveau modifiées pour lutter à la fois contre la tendance à la surproduction mais aussi pour se conformer aux résultats des négociations de l'Uruguay Round :

- Encadrement quantitatif : mise en place de la jachère (10% des terres) et conditionnalité des aides
- Encouragement à l'extensification de la production afin de ménager l'environnement
- Incitation à la compétitivité par l'abaissement des prix d'intervention. La baisse des revenus agricoles étant compensée par des aides directes.

Ces mesures correspondent en fait à un changement profond des principes :

Avant 1995 : (schéma simplifié) :

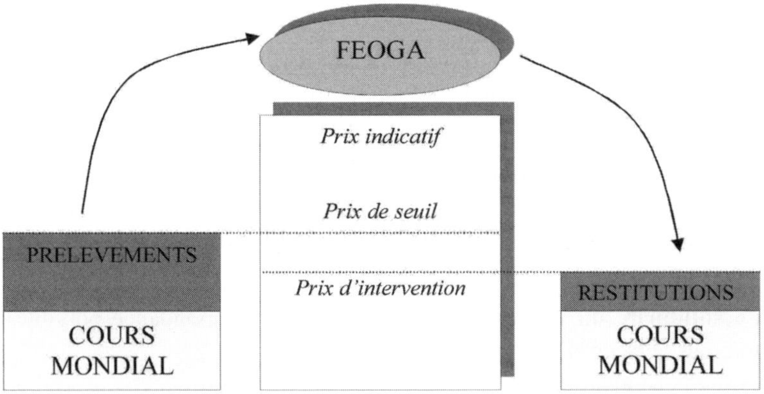

Lecture :

Les importations de produits agricoles extracommunautaires étaient grevées d'un **prélèvement** versé au Fond Européen d'Orientation et de Garantie Agricole (FEOGA). Cela permettait d'éviter une concurrence déloyale pour nos agriculteurs européens.

Pour être compétitives sur le marché mondial, les exportations européennes bénéficiaient de **restitutions** (forme de subvention).

Ce mécanisme, très efficace, a toujours été critiqué par les pays concurrents : « l'Europe verte » est vue comme une forteresse. D'ailleurs, le cycle de Négociations Commerciales Multilatérales (NCM) dit « Uruguay Round » a débouché, par les « Accords de Marrakech » en 1994, sur la création de l'Organisation Mondiale du Commerce (OMC). Cela a entraîné, notamment, la nécessité pour les Européens de transformer la PAC.

Depuis 1995 :

La PAC a ainsi réintégré le cadre de l'OMC : les prélèvements deviennent alors des droits de douane ce qui signifie qu'ils sont voués à diminuer dans le cadre de la marche vers le libre-échange. D'autre part, les aides directes deviennent une composante importante du revenu des agriculteurs[1].

Depuis 2003, les aides directes sont même découplées de la production. La condition d'obtention de ces aides étant le respect des normes environnementales et sanitaires. En effet, la PAC repose sur deux piliers :

- La politique des marchés agricoles et les règles communes

Mais aussi :

- La politique de développement rural : les agriculteurs sont chargés aussi de l'environnement, du développement durable...

Les agriculteurs ne sont donc plus simplement des fournisseurs de produits agricoles, leurs missions se diversifient. Il est alors moins surprenant de constater que finalement,

On est passé d'un soutien des cours à un soutien des revenus des agriculteurs[2].

Décomposition du revenu des agriculteurs :

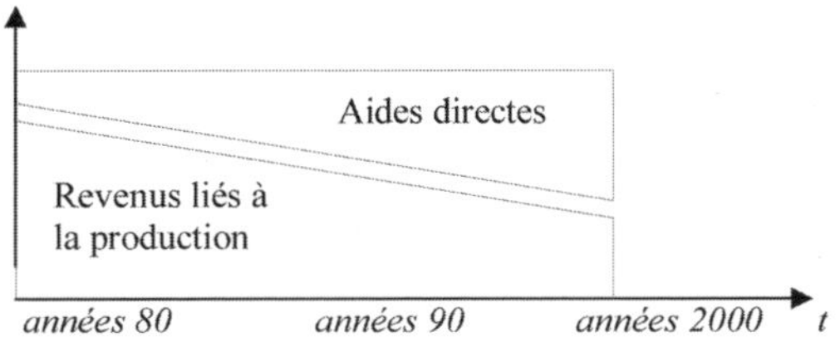

L'horizon reste cependant chargé de nuages sombres : les Européens se sont engagés à une remise en cause complète de la PAC en 2013.

Elle est demandée par les pays concurrents de l'Europe mais souhaitée aussi par certains pays européens qui considèrent que la PAC absorbe une part excessive du budget total de l'Europe (43,4% en 2007 pour un budget total de l'Union égal à 126,5 milliards d'€).

Face à ces évolutions, quel rôle l'État peut-il encore jouer ?

Cette question pose le problème des compétences. Le Traité de Lisbonne pose le **principe « d'attribution »** qui garantit que l'Union ne puisse étendre ses compétences aux dépens de celles des États sans leur accord.

Concernant le dossier agricole :

On notera d'abord que la **question des importations de produits agricoles** relève de la **Politique commerciale commune[3].** Le Traité de Lisbonne, signé en 2007, considère

---

[1] Les aides directes représentent actuellement 90% environ du revenu imposable des agriculteurs français

[2] Ce principe de soutien des revenus correspond au fonctionnement américain. Cette grande transformation s'avère globalement neutre pour le monde agricole selon les calculs de l'INSEE. Voir TEF 2007

[3] Celle-ci est définie ainsi dans les traités: *« la politique commerciale commune est fondée sur les principes uniformes notamment en ce qui concerne les modifications tarifaires, les conclusions d'accords tarifaires et commerciaux,*

que la politique commerciale commune fait partie des **compétences exclusives**[1] **de l'Union européenne (domaines où l'Union légifère seule)**. De fait, l'État français ne semble plus capable d'infléchir la politique agricole. Pourtant....

Le Traité de Lisbonne prévoit aussi **des compétences partagées**[2] **entre l'Union et les États membres (les États exerçant leur compétence dans la mesure où l'union n'a pas exercé la sienne) :** La question de l'agriculture (et la pêche) fait bien partie de la liste des compétences partagées (voir note 41). Il est clair que l'État reste un acteur de la politique agricole

- Parce qu'il la cofinance
- Parce qu'il en assume aussi l'exécution administrative (rôle du ministère de l'agriculture)
- Parce que la PAC est vouée à la décentralisation. En effet, **le principe de subsidiarité**, article 5 du Traité sur l'Union Européenne (Maastricht 1992) précise : *« Dans les domaines qui ne relèvent pas de la compétence exclusive, la communauté n'intervient, conformément au principe de subsidiarité, que si et dans la mesure où les objectifs de l'action envisagée ne peuvent pas être réalisés de manière suffisante par les États membres et peuvent donc, en raison des dimensions ou des effets de l'action engagée, être mieux réalisés au niveau communautaire. »*

Enfin, le Traité prévoit des domaines où les **États membres demeurent totalement compétents**[3] **:**

Il s'agit notamment de la protection et amélioration de la santé humaine. Cet aspect concerne notamment les produits agricoles. Des risques sanitaires existent bien : affaires de la « vache folle », peste porcine, fièvre aphteuse, question des OGM[4], « virus H5N1 » (grippe aviaire)...

---

l'uniformisation des mesures de libération, la politique d'exportation, ainsi que les mesures de défense commerciale, dont celles qui sont à prendre en cas de dumping et de subventions ».

[1] **Compétences exclusives de l'Union Européenne:**
Union douanière ; Etablissement des règles de concurrence nécessaires au fonctionnement du marché intérieur ; Politique monétaire pour les États membres dont la monnaie est l'Euro ; Conservation des ressources biologiques de la mer dans le cadre de la politique commune de la pêche ; **Politique commerciale commune ;** Conclusion d'un accord international lorsque cette conclusion est prévue dans un acte législatif de l'Union, ou est nécessaire pour lui permettre d'exercer sa compétence interne, ou dans la mesure où elle est susceptible d'affecter des règles communes ou d'en altérer la portée.

[2] **Compétences partagées:**
Marché intérieur ; Politique sociale ; Cohésion économique, sociale et territoriale ; **Agriculture et pêche**, à l'exclusion de la conservation des ressources biologiques de la mer ; Environnement ; Protection des consommateurs ; Transports ; Réseaux transeuropéens ; Energie ; Espace de liberté, de sécurité et de justice ;Enjeux communs de sécurité en matière de santé publique, pour les aspects définis dans le Traité

[3] **Compétences qui relèvent des États:**
Industrie ; Culture ; Tourisme ; Education, formation professionnelle, jeunesse et sport ; **Protection et amélioration de la santé humaine** ; Coopération administrative ; Protection civile.

[4] À la suite du « Grenelle de l'environnement » de 2007, l'État a décidé d'utiliser « la clause de sauvegarde »: la culture des OGM en France sera interdite en France.

À ce titre, La création de l'Autorité Européenne de Sécurité des Aliments (AESA) devrait permettre de faire avancer le principe de précaution mais chaque État reste finalement

Question 3 : L'État et le patriotisme économique

Le terme de patriotisme, à priori désuet, voire politiquement incorrect en ces temps de mondialisation, a été remis à l'honneur par l'ancien Premier ministre Dominique de Villepin.

En effet, le gouvernement français s'est ému des tentatives de rachat d'entreprises françaises par des actionnaires étrangers : OPA de Mittal Steel sur Arcelor en 2005 et plus récemment, le projet d'OPA dans l'énergie ENEL (groupe italien) sur SUEZ.

Ce retour en force du terme de patriotisme économique correspond-il à une simple mode ou est-il symptomatique d'un capitalisme à la française ? que nous montre l'histoire économique ?

Il convient de comprendre d'abord les différentes facettes du patriotisme économique en français, d'examiner son enracinement dans l'histoire de notre pays et d'évaluer la pertinence d'un tel principe dans le cadre de la mondialisation.

- Les différentes **formes** prises par le patriotisme économique : il faut distinguer le patriotisme défensif du patriotisme offensif. Dans le premier cas, il s'agit de dissuader les investisseurs étrangers de prendre le pouvoir dans les entreprises françaises afin de répondre à un sentiment d'expropriation. La décision prise par l'Etat, le 12 juin 2008, d'entrer au capital des Chantiers de l'Atlantique à hauteur de 33% est un bon exemple. L'Elysée a précisé, dans un communiqué : « Cet accord préserve les intérêts de la défense nationale ». En novembre 2008, l'Etat français a aussi décidé de créer un « fond souverain » doté de 20 milliards d'€. Ce « fond d'investissement stratégique d'intérêt national » est censé prendre des participations minoritaires dans de grandes entreprises françaises pour éviter tout OPA hostile de la part d'investisseurs étrangers (mais aussi des participations plus importantes dans des entreprises moyennes, si nécessaire).Dans la version offensive, il convient de favoriser le contrôle par les Français de leurs entreprises alors qu'aujourd'hui, 45% environ du capital des entreprises cotées au CAC 40 appartiennent à des étrangers.

- Mais le patriotisme économique nécessite des **moyens :** l'État[1] français réagit aujourd'hui à ces risques en proposant une loi anti-opa appliquée depuis avril 2006 : un initiateur d'OPA doit d'abord avertir l'Autorité des Marchés Financiers (AMF). L'entreprise attaquée peut alors émettre des Bons de

---

[1] L'État a un rôle éminent dans « l'intelligence économique ». Voir le site internet: www.intelligence-economique.gouv.fr

Souscription d'Actions (BSA) afin d'augmenter son capital social et de rendre ainsi l'OPA beaucoup plus coûteuse pour « le prédateur ».

- La sauvegarde des intérêts français passe aussi par l'existence de vrais cycles de **formation** des cadres d'entreprises privées ou publiques. Des écoles, des instituts, travaillent dans ce sens. Ainsi, l'I.H.E.D.N[1] (Institut des Hautes Etudes de la Défense Nationale), qui existe depuis 1936, sensibilise ses auditeurs aux questions relatives à l'intelligence économique (sécurisation des réseaux informatiques, collecte de l'information, lobbying, etc..). Notons aussi l'existence de l'Ecole de Guerre[2] (liée au groupe ESLSCA) ou encore le mastère « Management des risques internationaux » du groupe HEC[3].

Au-delà de la guerre économique dont les médias nous rendent compte lors des OPA ou des désaccords entre pays, il convient de remarquer que l'affrontement peut prendre aussi la forme d'une **guerre cognitive** comme l'évoque Christian Harbulot[4] : *« les guerres du cognitif opposent des capacités à connaître et produire ou déjouer des connaissances. Les sciences cognitives portent sur l'ensemble des sciences qui concernent les connaissances et ses processus (psychologie, linguistique, neurobiologie, logique, informatique). La définition que nous donnons de la guerre cognitive est donc la manière d'utiliser la connaissance dans un but conflictuel ».*

Un exemple parmi beaucoup d'autres : la guerre entre l'Européen Airbus et l'Américain Boeing.

Michel Guerard, directeur adjoint de la communication, précisait déjà en 1998 qu'Airbus Industries surveillait les newsgroups pour repérer des messages négatifs à l'encontre d'airbus. L'arsenal de défense comprend notamment des logiciels qui permettent de retrouver les auteurs de fausses informations concernant l'entreprise européenne.

À ce titre, internet fait aujourd'hui partie intégrante de la politique de communication. La cible est le monde du journalisme : « dès qu'une rumeur se propage concernant Airbus, nous mettons dans l'heure un communiqué en ligne » indique Michel Guerard[5].

Au-delà de l'actualité, remarquons aussi que le patriotisme économique n'est pas qu'un simple phénomène contemporain. La France pratiquait déjà un « mercantilisme » industriel.

Bien différent de la version anglaise axée sur le commerce, les principes du mercantilisme français se fondent sur l'importance de l'industrie. Il s'agit pour Colbert, ministre de Louis XIV, de développer aussi le commerce en le réglementant mais surtout de favoriser les manufactures d'État ou royales comme les tapisseries des gobelins, les verreries de Saint-Gobain ou la manufacture de Sèvres.

---

[1] Voir site internet: http://wwwihedn.fr/

2 Voir site internet: http://www.ege.fr/

3 Voir site internet: http://www.hec.fr/

[4] *La main invisible des puissances*, Christian Harbulot, Ellipses 2005

[5] in article du journal *Le monde* du 18 janvier 1998.

Colbert est convaincu que la richesse (assimilée à des disponibilités monétaires) est fixe à l'échelle internationale. De fait, il convient d'améliorer les performances des activités nationales, d'exporter les meilleurs produits[1].

Il s'agit bien, déjà, du principe de guerre économique où l'État joue un rôle essentiel.

L'histoire nous a donné un autre exemple célèbre de ce patriotisme économique : la politique des « champions nationaux » chère au Général de Gaulle dans les années 60. En effet, la France recherchait alors l'indépendance politique en se retirant de l'Otan, mais l'État favorisait aussi les concentrations économiques afin de faire naître de vrais champions nationaux. En même temps, la France refusait (déjà !) certains rachats d'entreprises comme celui de Citroën par Fiat.

On peut bien évidemment s'interroger sur la pertinence d'une telle attitude dans le cadre de la mondialisation. Le retour en force du patriotisme économique peut se comprendre d'abord comme une crainte face à la mondialisation. L'hostilité au projet de l'AMI (Accord multilatéral sur l'Investissement) dans les années 1990 démontre bien que des pays font preuve d'un certain patriotisme économique sans oser l'affirmer : selon le mandat fixé en 1995 par les gouvernements, l'AMI devait être un *« traité international autonome ouvert à tous les pays membres de l'OCDE et de la communauté européenne ainsi qu'à l'adhésion de pays non-membres ».*

Il s'agissait d'établir pour l'investissement international un large cadre multilatéral comportant des normes élevées de libéralisation des régimes d'investissement et doté de procédures efficaces des différends.

Après des négociations intenses pendant une période de 3 ans jusqu'en mai 1998 et une pause de 6 mois, le projet fut finalement abandonné. Là encore, les États (dont la France) ont fait preuve d'une volonté de protéger leur tissu économique.

L'essor du patriotisme est également le reflet de craintes concernant les spécialisations du pays. En effet, accepter la mondialisation comme une évidence, au nom de l'analyse smithienne, reviendrait à voir s'effacer irrémédiablement certaines branches d'activités françaises.

C'est bien de cela dont il fut question en 2003 lorsque l'État vola au secours d'ALSTOM : la France pouvait-elle accepter de ne plus être maître de sa production de TGV ? On voit ici la question de l'indépendance stratégique au cœur du patriotisme économique. C'est dans ce cadre-là que le gouvernement a publié le 31 décembre 2005 par décret la liste des activités stratégiques à protéger des investissements étrangers :

- Casinos
- Sociétés de sécurité privées
- Recherche et production d'agents pathogènes et armes chimiques
- Matériel pour l'interception de correspondance et la détection à distance des conversations
- Technologies de l'information (sécurité) nécessaires à la lutte contre le terrorisme et la criminalité
- Activités liées aux marchés classés « secret défense »,

1 Il existe d'ailleurs aujourd'hui un « comité Colbert » regroupant 69 entreprises françaises du luxe.

- Recherche et production d'armes, munitions et substances explosives
- Etude et équipement au profit du ministère de la Défense.

Le patriotisme économique est perçu aussi comme un moyen de voler au secours de l'emploi : la mondialisation, phénomène ancien, se traduit aujourd'hui par des vagues de délocalisations, coûteuses en emplois[1].

On peut comprendre alors le retour en grâce des industries aux yeux des Français. Ceux-ci exigeant de l'État qu'il « *fasse quelque chose* » pour sauver les entreprises. Cependant, tout ceci peut paraître vain : les produits n'ont plus guère de nationalité[2].

Alors le patriotisme économique ne serait-il qu'un simple « protectionnisme chic » pour reprendre l'expression d'Alain Minc ou s'agit-il d'une ardente obligation ?

Question 4 : La décentralisation est-elle efficace ?

1. La décentralisation est un mouvement récent :

Jusqu'à la Révolution, la structure de l'administration territoriale était fort complexe, marquée par un enchevêtrement d'une douzaine de Parlements (compétence en matière de justice), des gouvernements (armée), les 34 Généralités (circonscriptions administratives relatives à l'Intendance), les diocèses (paroisses).

La Révolution a totalement modifié cette architecture pour faire naître une structure très hiérarchisée (départements, cantons, communes) s'appliquant sur l'ensemble du territoire. Le premier Empire a accentué cette tendance centralisatrice : la volonté d'unifier et d'uniformiser est alors au cœur des préoccupations.

La centralisation est donc le produit de l'histoire (jacobinisme) mais aussi d'une géographie propice : Paris capitale au centre d'un hexagone, un réseau de communication en étoile, des Départements qui peuvent être parcourus à cheval en moins d'une journée.

Tout au long du XIXe siècle[3] et jusqu'aux années 1980, La tutelle de l'État sur les collectivités est très forte : les actes administratifs sont soumis à l'accord du Préfet, les investissements[4] doivent respecter les normes définies par l'État. En outre, les collectivités ne pouvaient réaliser ces investissements qu'avec le soutien financier

1 Aspect cependant controversé comme en témoigne l'avis de Charles-Albert MICHALET, dans l'ouvrage intitulé: mondialisation, la grande rupture Editions La découverte 2007 (p 27 et 28). Selon l'auteur (qui reprend une étude de l'Insee de 2005), 13500 emplois seraient délocalisés chaque année. C'est en fait assez peu lorsqu'on rappelle que chaque année 500 000 emplois sont perdus dans l'industrie.

2 Principe de la D.I.P.P.: Décomposition Internationale du Processus de Production. Voir L'économie mondialisée, Robert REICH, Dunod 1997

3 Signalons cependant les lois du 10 août 1871 et du 5 avril 1884 qui ont élargi les compétences des départements et des communes dotées désormais respectivement d'un conseil général et conseil municipal élus au suffrage direct. Cependant, l'État établit une tutelle sur leurs actes.

4 Il s'agit des écoles primaires, des routes départementales, voies communales, assainissements, équipements sportifs…

(subventions) de l'État.

À la fin de la seconde guerre mondiale, L'État élargi encore son champ d'influence par le biais d'une nouvelle vague de nationalisations (EDF, GDF...) mais aussi par la planification indicative. Le poids de l'État est alors de plus en plus fort.

Pourtant, dès la fin années 60, la centralisation paraît moins pertinente : le 24 mars 1968, le général de Gaulle déclarait à Lyon :

« .. l'effort multiséculaire de centralisation, qui lui fut longtemps nécessaire pour réaliser et maintenir son unité malgré les divergences des provinces qui lui étaient successivement rattachées, ne s'impose plus désormais. Au contraire, ce sont les activités régionales qui apparaissent comme les ressorts de sa puissance économique de demain... ».

La réforme proposée en 1969[1] devait conduire les régions à changer : elles deviendraient des collectivités territoriales chargées de l'ensemble des équipements collectifs. Il s'agissait de passer de la déconcentration à la décentralisation.

Ce processus de décentralisation[2] peut être défini comme le transfert au profit des collectivités territoriales de certaines compétences et des ressources correspondantes.

Le mouvement s'amorce véritablement avec les « lois Defferre[3] » de 1982-1983 dont les principales mesures furent :

- La suppression de la tutelle administrative et financière exercée par le **préfet :** celui-ci contrôle désormais la **légalité** des actes réalisés par collectivités **à posteriori** (et non plus à priori).
- La **région est désormais une collectivité territoriale** pleine et entière, administrée par un conseil régional dont les membres sont élus au suffrage universel. Les régions sont placées sur le même plan que les départements et les communes.
- Le **pouvoir exécutif** des régions incombe désormais au président du conseil régional, celui du département au président du conseil général.
- Les collectivités locales peuvent fournir des **aides aux entreprises** : il s'agit d'aides :
  . « directes » (primes régionales à l'emploi, à la création d'entreprises et prêts)
  . « indirectes » (aides dont la forme est libre)
- Les **contrats de plan entre l'État** et les régions se mettent en place à partir de1984.

---

1 Cette réforme donna lieu au référendum du 27 avril 1969 avec un résultat négatif.

2 Il ne faut pas confondre la décentralisation avec la déconcentration. Celle-ci consiste aussi en une délégation de compétences à des agents ou organismes locaux, mais ces derniers relèvent de l'administration d'État. À la différence de la décentralisation, ces agents sont soumis à son autorité et ne disposent d'aucune autonomie.

3 Gaston DEFFERRE (1910-1986), ministre de l'intérieur et de la décentralisation dans les gouvernements de Pierre MAUROY

- Création du statut des personnels des collectivités locales : Fonction publique territoriale (1984).

Signalons aussi la « loi Chevènement » de 1999 qui favorise l'intercommunalité, i.e la coopération entre les communes dans le cadre d'Etablissements Publics (EP). L'idée consiste à mettre en commun des moyens financiers, techniques, pour assurer certains services comme l'assainissement, des projets de développement économiques, des réseaux de transports urbains...).

Mais c'est à partir de 2003 que le mouvement de décentralisation est vraiment relancé. En effet, la **loi constitutionnelle du 28 mars 2003** modifie certains articles de la Constitution de 1958 :

- Article 1 : « l'organisation de la République est **décentralisée** »
- Article 72 : « **la région** est élevée au **rang constitutionnel** de collectivité territoriale.

  *« Les collectivités territoriales ont vocation à prendre les **décisions** pour l'ensemble des compétences qui peuvent le mieux être mises en œuvre **à leur échelon**. »*[1]

  ***Les collectivités** et leurs groupements peuvent, lorsque la loi ou le règlement les y autorisent et pour une durée définie à l'avance, **déroger aux lois et règlements** qui les régissent afin de " **tester** " **localement** les effets d'une mesure nouvelle (art. 72).*

- Article 72-1 : « Dans les conditions prévues par la loi organique, les projets de délibération ou **d'acte relevant de la compétence d'une collectivité territoriale** peuvent, à son initiative, être **soumis, par la voie du référendum**, à la décision des **électeurs** de cette collectivité.

  « Lorsqu'il est envisagé de créer une collectivité territoriale dotée d'un statut particulier ou de modifier son organisation, il peut être décidé par la loi de consulter les électeurs inscrits dans les collectivités intéressées. La modification des limites des collectivités territoriales peut également donner lieu à la consultation des électeurs dans les conditions prévues par la loi ».

- Article 72-2 « les collectivités locales bénéficient de ressources dont elles peuvent disposer librement dans les conditions fixées par la loi ».

Enfin, la **loi du 13 août 2004** engage de nouveaux transferts de compétences entrés en vigueur pour la plupart en 2005. Nous reprenons ici les principales évolutions[2] concernant :

- **La commune :** Possibilité de mettre en œuvre leurs propres régimes d'aides après accord de la région, d'instituer un office de tourisme, d'exercer des activités en matière de vaccination, de gérer le fond d'Aide aux Jeunes (FAJ),

1 Il s'agit du principe de subsidiarité

2 le lecteur peut obtenir une information plus complète en consultant le site internet: http://www.vie-publique.fr/decouverte-institutions/institutions/collectivites-territoriales/decentralisation/

de devenir propriétaire de monuments classés ou inscrits appartenant à l'État ou au Centre des monuments nationaux.

- **Le département :** Met en œuvre la politique d'action sociale, gère une partie des routes nationales, est propriétaire du patrimoine immobilier des collèges. Il définit les secteurs de recrutement des collèges (après avis du conseil départemental de l'Education nationale), est responsable du recrutement et de la gestion des personnels Agents Techniciens, Ouvriers et de Service (TOS) des collèges et peut devenir propriétaire de monuments classés ou inscrits appartenant à l'État ou au Centre des monuments nationaux.
- **La région :** accorde des aides économiques et aides à l'immobilier[1], élabore un schéma régional de développement économique à titre expérimental pour cinq ans. Elle est propriétaire du patrimoine des lycées, responsable du recrutement et de la gestion de personnels TOS des lycées, peut devenir propriétaire de monuments classés ou inscrits appartenant à l'État ou au Centre des monuments nationaux...

2. Mais cette décentralisation s'impose-t-elle ?

25 ans après la mise en œuvre d'un mouvement de décentralisation en France, un premier bilan devient possible.

Cela revient alors à répondre à deux questions :

- Quels sont les coûts et avantages de la décentralisation ?
- La décentralisation est-elle toujours souhaitée par les Français ?

2.1. Une efficacité discutée :

a) Des attentes fortes :

- Favoriser l'aménagement du territoire : Dès la fin de la guerre, le risque de déséquilibre entre Paris et le reste de la France, est devenu un souci majeur. Des ouvrages comme *Paris et le désert français*[2] mettent en évidence une trop forte concentration des pouvoirs économiques et politiques dans la capitale. À ce titre, la décentralisation peut apparaître comme une façon, pour l'État, de montrer l'exemple. Il s'agit d'inciter les entreprises, les organismes financiers à s'installer en province.
- Plus de souplesse : adapter les services publics aux spécificités locales.
- Plus de transparence : le citoyen doit pouvoir faire plus facilement le lien entre les services publics et l'imposition
- Donner plus de chances aux métropoles régionales, aux villes moyennes et petites face à l'agglomération parisienne :

b) Des coûts élevés :

- Une envolée des effectifs de la fonction publique territoriale :

[1] Cette distinction remplace celle, faite entre aide directe et indirecte.
[2] *Paris et le désert français* par Jean-François GRAVIER 1947

Les transferts de compétences aux collectivités locales se sont logiquement accompagnés d'une augmentation des effectifs de la fonction publique territoriale (FPT).

On pouvait s'attendre, en contrepartie, à une stabilité des effectifs de la fonction publique d'État (FPE). Or il n'en est rien :

En 1984, on comptait 1,1 million de fonctionnaires territoriaux contre 1,6 million en 2005 soit une progression impressionnante : + **46%**.

En même temps[1], la fonction publique d'État (FPE) passait d'un effectif de 2,2 millions de fonctionnaires à 2,5 millions : **+ 11,6%.**

La décentralisation ne se fait donc pas à effectifs constants :

FPE + FPT	1984	2005
Effectifs en millions	3,3	4,1

L'évolution des différentes catégories de fonctionnaires[2] est ainsi :

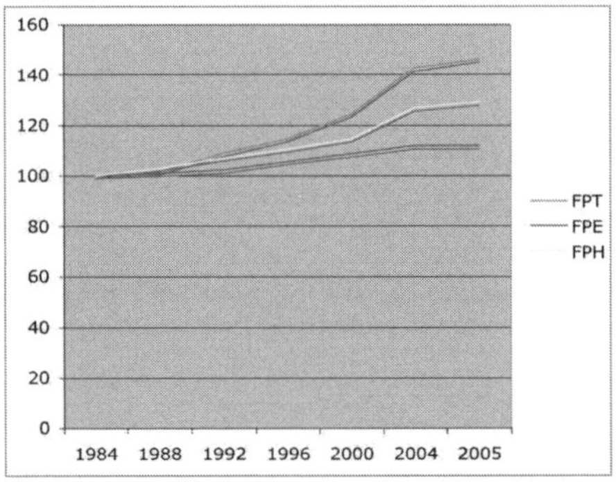

indice 100 en 1984

Cela s'explique à la fois par la difficulté de l'État à stabiliser les effectifs de la FPE mais aussi par les limites inhérentes au mouvement de décentralisation :

Les collectivités locales tendent à vouloir répondre à une demande (naturellement) **infinie** de services de la part des citoyens. Dès lors, on constate une inflation des investissements publics (chaque grande ville veut son tramway, son centre des congrès…), mais aussi des services nouveaux (services d'aide aux personnes âgées, services d'aide aux jeunes en difficulté…). Il n'est malheureusement pas rare de voir des excès dans tous ces domaines.

Les collectivités locales n'échappent pas au phénomène bureaucratique décrit notamment par la « théorie des choix publics ». James BUCHANAN et Gordon TULLOCK[3] ont pu montrer que l'action menée par les hommes politiques (et par les fonctionnaires) vise à maximiser leur Utilité (avant celle des administrés) : il s'agit pour

---

[1] Remarquons aussi la progression de la fonction publique hospitalière (FPH) sur cette période: + **29%**.

2 Source: Direction Générale de l'Administration et de la Fonction publique, DGAFP

[3] James BUCHANAN (1919 -) et Gordon TULLOCK (1922 -) ont publié en 1962 un ouvrage devenu célèbre: *Le calcul du consentement. Fondations logiques de la démocratie constitutionnelle.*

eux de trouver les moyens d'être réélus. Pour les fonctionnaires, leur utilité passe par le développement de leurs pouvoirs (d'où l'accroissement des effectifs dans collectivités locales).

On peut ajouter à cela l'idée d'un « électeur médian »[1] qu'il faut convaincre en promettant des avantages. Cela se traduit naturellement par du clientélisme.

Les collectivités locales produisent des services publics coûteux en raison d'une faible productivité. Cette critique correspond à l'analyse générale faite par William A. NISKANEN[2] : l'absence d'un vrai contrôle sur les services produits et l'absence de choix pour l'utilisateur aboutissent à des coûts de production élevés.

- Un gaspillage de fonds publics :

La décentralisation s'est traduite, notamment, par l'essor des **aides des collectivités locales aux entreprises**. Mais le dernier rapport de la Cour des Comptes[3] tend à montrer qu'elles sont bien décevantes. D'un montant d'environ 6 milliards d'euros (dont 1,5 milliards nécessaires pour la simple gestion des aides), elles sont versées dans une « grande confusion institutionnelle ». nous reprenons ici quelques extraits de la conclusion générale du rapport :

*« Les travaux menés au plan national par les chambres régionales des comptes montrent que le bilan de l'action économique des collectivités territoriales est dans **l'ensemble bien décevant au regard de l'ampleur des moyens financiers** mis en œuvre autant que l'envergure des objectifs affichés. Il en ressort en effet, alors que les dispositifs mis en place sont conçus pour produire un effet de levier déterminant sur l'économie locale et en particulier sur l'emploi, qu'en fait, la **complexité et l'hétérogénéité d'un dispositif** institutionnel reposant sur une **compétence plus diluée que partagée**, ainsi que le **foisonnement excessif des aides versées** donnent peu de cohérence aux politiques publiques poursuivies tout en leur conférant une réelle fragilité juridique. En outre, ces politiques, mal maîtrisées et souffrant d'une insuffisance majeure de leur système d'évaluation et de suivi, se révèlent être d'une portée économique contestable, alors que leur **coût de gestion est élevé**. »*

Ces aides sont aussi inutiles dans une économie mondialisée :

*« Dans ce contexte (mondialisation), il est raisonnable de considérer qu'aujourd'hui, pour une grande partie des entreprises françaises, la **somme des gains qu'elles peuvent escompter des aides publiques** existantes est devenue **inférieure** à la **somme des gains qu'elles peuvent obtenir d'une délocalisation** hors de la France de leurs emplois. Prendre en compte une telle équation, c'est reconnaître la nécessité de revoir fondamentalement le système d'aide à l'économie des collectivités territoriales comme celui de l'État lui-même, si ce n'est d'y mettre fin dans sa forme actuelle. »*

2.2. Une décentralisation finalement peu souhaitable :

a) Le risque d'inégalités

---

[1] La théorie de l'électeur médian correspond à l'idée qu'il existe un ensemble d'électeurs au centre qui peut faire basculer les élections d'un côté ou de l'autre.

[2] William A. NISKANEN a publié en 1971 *Bureaucraty and Representative Government.*

[3] Ce rapport peut être consulté sur le site de la Cour des comptes: http://www.ccomptes.fr/CC/Publications-RPT.html

On considère souvent que la décentralisation est inéluctable notamment parce que nos pays voisins ont effectivement une organisation décentralisée.

- Il y a en un vrai dilemme entre **décentralisation et inégalités**. En effet, c'est grâce au budget de l'État que les inégalités entre les régions, les départements ou encore les communes sont limitées : l'État assure un vrai effet redistributif.

  Bien évidemment, la décentralisation n'a pas cet objectif et de fait les collectivités territoriales les plus pauvres ne peuvent pas offrir les mêmes services (en 2005, le PIB/habitant était de 42712 € en Ile de France, 28131 € en Rhône-Alpes, 26196€ en Alsace mais seulement de 21752 € en Languedoc-Roussillon ou encore de 21555€ dans le Nord Pas-de-Calais[1]).

- La décentralisation **implique aussi une concurrence** entre les régions, les départements, les communes. Parce que les collectivités cherchent à stimuler l'activité, à créer des emplois, elles engagent des politiques d'attractivités (« cluster », pôles de compétitivité..), ce qui se traduit par la concurrence fiscale (taxe professionnelle par exemple).

b) La décentralisation divise les Français :

Contrairement à une idée largement répandue, la décentralisation ne bénéficie pas d'un large consensus.

Les Français sont très sceptiques comme le montre une enquête[2] de 2006 réalisée par Elisabeth DUPOIRIER dans le cadre du Centre de Recherches Politiques de Sciences PO (CEVIPOF).

Quelques résultats significatifs :

- 70% des sondés estiment que la décentralisation a impliqué une augmentation massive des impôts locaux.
- 68% des personnes interrogées considèrent que la décentralisation accentue les inégalités économiques entre territoires.
- 60% des sondés estiment que la décentralisation n'a pas amélioré les conditions de vie.
- 42% des sondés des Français pensent qu'il faut revenir en arrière alors que les partisans d'un approfondissement de la décentralisation ne représentent que 24% de l'effectif.

La décentralisation divise les Français :

L'enquête montre clairement que la « **France qui doute** » de la décentralisation correspond aux **Français les plus fragiles** (chômeurs par exemple), aux ruraux et aux habitants des régions les moins riches (Nord-Pas de Calais, Picardie..).

---

[1] On pourra consulter le site du Ministère de l'intérieur et de l'aménagement du territoire/DGCL: http://www.dgcl.interieur.gouv.fr/publications/CL_en_chiffres_2007/

[2] Il s'agit d'une enquête menée auprès de 5600 personnes avec le soutien du ministère de l'Intérieur et de l'aménagement du Territoire. Voir le site internet: http://www.cevipof.msh-paris.fr/

Par contre, les soutiens les plus forts au mouvement de décentralisation se trouvent dans les catégories socioprofessionnelles aisées, diplômées. Il s'agit souvent d'urbains, de Français vivant dans des régions dynamiques (Ile de France, Rhône-Alpes...).

En conclusion, on constatera que depuis 25 ans, la France a souvent regardé chez ses voisins (Allemagne, Italie, Belgique, Espagne..) à la recherche d'un modèle d'organisation de l'État. La décentralisation, observée ailleurs, a pu apparaître comme une solution à nos blocages.

Mais force est de reconnaître que le bilan est très mitigé. En réalité, il est vain de chercher à copier des solutions alors que l'histoire de nos nations est si différente.

Table des matières

Achevé d'imprimer sur les presses de l'Imprimerie BARNÉOUD
53960 BONCHAMP-LÈS-LAVAL
Dépôt légal : juin 2009 - N° d'imprimeur : 906091
Imprimé en France